RECHERCHES CINÉMATOGRAPHIQUES
sous la direction de José Moure
10

Bruno Dumont

Ouvrage publié avec le soutien du laboratoire Passages arts & littératures XX-XXI (EA 4160) de l'université Lumière – Lyon 2

Luc Vancheri

Bruno Dumont

Cinema mysticum

PARIS
CLASSIQUES GARNIER
2022

Luc Vancheri est professeur en études cinématographiques à l'université Lumière – Lyon 2 où il enseigne l'esthétique du cinéma et la théorie des images. Il est par ailleurs codirecteur de la revue d'études visuelles *Écrans*. Il a dernièrement publié *Corpo celeste. La théologie critique d'Alice Rohrwacher* (Strasbourg, 2021).

ISBN 978-2-406-13111-3 (livre broché)
ISBN 978-2-406-13112-0 (livre relié)
ISSN 2557-3314

UNE MYSTIQUE SANS DIEU

> Plonger au fond du gouffre, Enfer ou Ciel, qu'importe ?
> Au fond de l'Inconnu pour trouver du nouveau !
> Charles BAUDELAIRE, *Le Voyage*, VIII.

Quiconque s'aventure sur le terrain de la mystique pour penser les problèmes de l'art fait face à deux difficultés complémentaires. L'une voudrait que la mystique éloigne du monde parce qu'elle nous parle de Dieu, l'autre qu'elle décourage l'action parce qu'elle choisit la contemplation. On imagine les mystiques insensibles aux occupations terrestres, on se les représente uniquement absorbés de vie spirituelle, méditant et priant, concentrés en eux-mêmes, mais tendus vers Dieu. On tient en somme pour vrai que celui qui se tourne vers Dieu se détourne des hommes. Plotin ne recommandait-il pas le « détachement de toutes les choses d'ici-bas, dédain des voluptés terrestres, fuite de l'âme vers Dieu qu'elle voit seule à seul[1] ? » Bergson en a fait l'essentiel de sa critique, reprochant au philosophe néoplatonicien le désintéressement de sa mystique qu'il jugeait privée de toute finalité politique.

> Il alla jusqu'à l'extase, un état où l'âme se sent ou croit se sentir en présence de Dieu, étant illuminée de sa lumière ; il ne franchit pas cette dernière étape pour arriver au point où, la contemplation venant s'abîmer dans l'action, la volonté humaine se confond avec la volonté divine. Il se croyait au faîte : aller plus loin eût été pour lui descendre. C'est ce qu'il a exprimé dans une langue admirable, mais qui n'est pas celle du mysticisme plein : « l'action,

1 Plotin, *Ennéades VI*, Livre IX, « Du bien et de l'Un », trad. M. N. Bouillet, Paris, Hachette, 1861, p. 566.

> dit-il, est un affaiblissement de la contemplation. » Par là il reste fidèle à l'intellectualisme grec[2].

En tout état de cause le christianisme n'invente pas la distinction des vies active et contemplative : il en a repris l'efficacité sociale à la philosophie grecque.

> Ce ne fut donc pas en premier lieu le philosophe et la stupeur philosophique qui modelèrent le concept et la pratique de la contemplation, de la *vita contemplativa*, ce fut plutôt l'*homo faber* travesti : l'homme artisan et fabricateur, qui a pour besogne de faire violence à la nature afin de se construire une demeure permanente, et que l'on avait persuadé de renoncer à la violence et à toute activité, de laisser les choses comme elles sont, et de faire sa demeure dans la retraite contemplative au voisinage de l'impérissable et de l'éternel[3].

Mais il a renouvelé les modèles figuratifs de la théologie juive – Léa et Rachel de l'Ancien Testament laissent la place à Marthe et Marie dans les évangiles – avant de parfaire un système de répartition des services et des charges qui pèsent sur la vie matérielle et spirituelle de la société. La vie religieuse se spécialise, distingue ses clergés, réguliers et séculiers, organise ses ordres hospitaliers, contemplatifs et mendiants, tandis que se précisent les tâches de chacun, laborieuses pour les uns, contemplatives pour les autres, comme si rien ne devait échapper à la gestion appliquée des âmes et des corps. Penser les mérites de la vie contemplative est la grande affaire d'un Moyen Âge en quête d'une administration infaillible de la vérité. Pour autant, faire de la vie contemplative la visée la plus haute de la vie chrétienne ne dit rien encore des moyens et des formes de connaissance mis en œuvre. L'étude est une chose, la prière en est une autre.

> À la fin de ce même siècle [XIIIe], Guigues II le Chartreux distingue dans sa *Lettre sur la vie contemplative* encore appelée *Échelle des moines*, quatre degrés : la lecture, la méditation, la prière et la contemplation. Pour lui, comme pour le Pseudo-Bernard de Clairvaux qui les oppose non seulement aux actifs, mais encore aux séculiers, la vie contemplative est ainsi explicitement celle des moines[4].

---

2 Henri Bergson, *Les deux sources de la morale et de la religion*, Paris, Flammarion, 2012, p. 292.

3 Hannah Arendt, « Condition de l'homme moderne », in *L'humaine condition*, trad. G. Fradier, Paris, Éditions Gallimard Quarto, 2012, p. 306.

4 Christian Trottmann, « *Vita activa, vita contemplativa* : enjeux pour le Moyen Âge », in *Mélanges de l'École française de Rome, Moyen Âge,* tome 117, nº 1, 2005, p. 16.

Les mystiques, à l'image du Pseudo-Denys l'Aréopagite, n'ont-ils pas défini la théologie mystique comme « la science expérimentale, affective, infuse de Dieu et des choses divines[5] » ? N'ont-ils pas, à l'instar de saint Bonaventure et saint Thomas d'Aquin, jugé d'une *Cognitio Dei experimentalis*, d'une connaissance de Dieu par l'expérience ? N'ont-ils pas démontré que la science obtenue *per studium* est affaire de temps et d'efforts, là où celle obtenue *per infusionem* ne dépend que de la seule libéralité de Dieu ? N'ont-ils pas, enfin, garanti qu'elle était préférable, parce qu'elle était immanquable et parfaite ? Il existe pourtant une forme de mystique plus moderne, tirant parti de la littérature et de la politique, qui s'est s'accommodée des *frais temporels* dont parlait Charles Péguy dans sa défense de la mystique républicaine. Joris-Karl Huysmans repart de Ruysbroeck, d'Anne Catherine Emmerich et de Grünewald pour dépasser le naturalisme de Zola, tandis que Georges Bataille découvre dans le *Livre des visions* d'Angèle de Foligno les témoignages d'une expérience intérieure et souveraine qui vient nommer la part improductive de la vie humaine, la seule qui convient à l'homme et le sauve de sa condition laborieuse. L'absence de Dieu n'est pas un obstacle à l'élan d'une mystique littéraire : seule compte la qualité phénoménologique d'une expérience qui donne à l'homme l'occasion de dépasser les limites que lui assignent la raison et l'espèce. Bataille a résumé l'obsession d'un siècle qui s'est efforcé de tirer la mystique des lieux où la théologie avait cru pouvoir la tenir captive : « Ne peut-on dégager de ses antécédents religieux la possibilité, demeurée ouverte, quoi qu'il semble, à l'incroyant, de l'expérience mystique ? la dégager de l'ascèse du dogme et de l'atmosphère des religions ? la dégager en un mot du mysticisme – au point de la lier à la nudité de l'ignorance[6] ? » Quelques décennies plus tôt, Péguy y ajoutait une clause spirituelle qui jugeait des actions et des causes humaines selon qu'elles font vivre ou mourir ceux qui les servent. Tel est le leitmotiv de *Notre jeunesse*, le ressassement d'une fin dont il fut l'un des derniers survivants : « Tout parti vit de sa mystique et meurt de sa politique[7]. » Péguy précise sa pensée quelques pages plus loin :

---

5 Pseudo-Denys l'Aréopagite, « Traité de la théologie mystique », in *Œuvres*, trad. Abbé Darboy, Sagnier et Bray, 1845, p. 465.

6 Georges Bataille, « L'expérience intérieure », in *Œuvres complètes*, tome 5, Paris, Éditions Gallimard, 1973, p. 422.

7 Charles Péguy, « Notre jeunesse, Cahiers, XI, XII (17 juillet 1910) », in *Œuvres en Prose complètes III*, Paris, Éditions Gallimard, Bibliothèque de la Pléiade, 1992, p. 41.

> La politique se moque de la mystique, mais c'est encore la mystique qui nourrit la politique même. Car les politiques se rattrapent, croient se rattraper en disant qu'au moins ils sont pratiques et que nous ne le sommes pas. Ici ils se trompent. Nous ne leur accordons même pas cela. Ce sont les mystiques qui sont pratiques et ce sont les politiques qui ne le sont pas. C'est nous qui sommes pratiques, qui faisons quelque chose, et c'est eux qui ne le sont pas, qui ne font rien. C'est nous qui amassons et c'est eux qui pillent. C'est nous qui bâtissons, c'est nous qui fondons, et c'est eux qui démolissent. C'est nous qui nourrissons, et c'est eux qui parasitent. C'est nous qui faisons les œuvres et les hommes, les peuples et les races. Et c'est eux qui ruinent[8].

Henri de Lubac et Jean Bastaire ont toutefois raison de rappeler que si Péguy a « senti très tôt que toute solution qui négligeait le salut temporel était vaine » – tel est l'esprit de son premier engagement socialiste – « il ne tarda pas à comprendre aussi que non moins vaine serait une solution s'arrêtant au salut temporel[9]. » C'est en effet le même homme qui ouvre une librairie socialiste à Paris, fonde les *Cahiers de la Quinzaine*, s'engage dans l'affaire Dreyfus, fréquente Jean Jaurès et Charles Maurras et écrit deux *Jeanne d'Arc*, publiées à quelque treize ans d'intervalle. Le monde que pense et vit Péguy est un monde fait de grandeurs de signes opposés qu'il s'oblige à tenir sous une même lumière. Écrivain infatigable, Péguy a l'énergie et la foi de sa jeune héroïne. Il peut certes douter – « nous sommes des vaincus autant qu'on l'a peut-être été jamais[10] » – la mystique n'en conserve pas moins sa place dans le monde, dans l'ici-bas des révolutions et des grèves socialistes. Commentateur intraitable de son époque, c'est au *Polyeucte* de Corneille qu'il pense lorsqu'il rédige *Par ce demi-clair matin* au mois de novembre 1905, cette suite de textes dans lesquels il médite une civilisation qu'il sait mortelle, comme l'écrira une guerre plus tard le Paul Valéry de *La Crise de l'Esprit* (1919). À première vue, les mondes de Bruno Dumont ne sont plus ceux de l'auteur de *Notre patrie* et de *Notre jeunesse*, si n'était cependant le fil ininterrompu d'une mystique sans Dieu qui commence avec *La vie de Jésus* (1997), si n'étaient les deux *Jeanne* qu'il réalise vingt ans après son premier long-métrage, si n'était, enfin, son dernier long-métrage, *France* (2021), préparé sous ce

8 *Ibid.*, p. 45.

9 Henri de Lubac et Jean Bastaire, *Claudel et Péguy*, Paris, Éditions Aubier Montaigne, 1974, p. 94.

10 Charles Péguy, « Nous sommes des vaincus », in *Œuvres complètes II*, Paris, Éditions Gallimard, La Pléiade, 1988, p. 1315.

même titre d'emprunt, *Par ce demi-clair matin*. Au moment où il quitte la philosophie pour le cinéma, Bruno Dumont ne pense pas encore au jeune socialiste qui rêve d'une *cité harmonieuse* et prend fait et cause pour le capitaine Dreyfus. Il n'a ni République à défendre, ni patrie à servir, ni christianisme à protéger, mais il donne à son premier film le titre qu'un jeune philosophe allemand, Hegel, a déjà choisi pour l'étude des évangiles qu'il entreprend au lendemain de la Révolution française.

La vie de Jésus, écrit à 25 ans entre les mois de mai et juillet 1795, est pensé comme une critique philosophique de la religion chrétienne. Hegel doute de sa morale et réfute sa politique compromise par les institutions qui ont scellé son destin, tandis qu'il cherche le moyen de rendre au christianisme une fonction historique. L'évangile hégélien, présenté comme un travail d'harmonisation des quatre évangiles canoniques, est une entreprise théologico-philosophique originale qui, partie des leçons kantiennes sur la liberté, la raison et l'autonomie, a visé la refondation d'une religion populaire libérée de ses tutelles. Installé à Berne, d'où il a observé l'échec de Robespierre et la désintégration récente de l'État allemand[11], Hegel découvre dans les enseignements de Jésus le visage perdu d'une humanité à laquelle il souhaite rendre sa force morale. Suivront son texte sur *La positivité de la religion chrétienne* (1795) et les essais pour *La Constitution de l'Allemagne* qu'il rédige entre 1799 et 1802, autant de textes qui se donnent pour tâche de refonder le présent politique des Temps modernes. D'autres *Vie de Jésus* suivront au XIXe siècle, de H.E.G. Paulus (1828) et David Friedrich Strauss (1835) à Bernhard Weiss (1882) et Albert Réville (1897) en passant par Ernest Renan (1863) et Auguste Sabatier (1880), qui peuvent être lus comme autant de contributions à une irrésistible sécularisation de la vie civique. Quelque deux siècles après l'essai de Hegel, que pouvait donc attendre le jeune cinéaste de Bailleul de cette filiation philosophique ? Le personnage principal de *La vie de Jésus* se nomme Freddy, sa fable est un composé social des misères contemporaines et le film n'a pour religion qu'une petite reproduction de la résurrection de Lazare peinte par Giotto. Si le film donne apparemment peu de prises pour y lire quelque survivance hégélienne, on ne négligera pas pour autant cette donnée iconographique

---

11 « L'Allemagne n'est plus un État », c'est par ces mots que s'ouvre *La Constitution de l'Allemagne*. G. W.F. Hegel, « La Constitution de l'Allemagne », in *Écrits politiques*, Paris, Éditions Champ Libre, 1977, p. 31.

essentielle. En effet, nous le verrons, Dumont ne s'est pas contenté de livrer l'indice d'une allégorie, il a fait de la résurrection l'épicentre de son récit en y ajoutant un scénario paulinien qui conduit Freddy sur un nouveau chemin de Damas.

Doit-on pour autant rapprocher le Jésus dumontien de celui de Renan[12], livré comme on sait à la critique de la méthode historique ? Pour l'historien, « la vie de Jésus [...] finit avec son dernier soupir. Mais telle était la trace qu'il avait laissée dans le cœur de ses disciples et de quelques amies dévouées que, durant des semaines encore, il fut pour eux vivant et consolateur. Son corps avait-il été enlevé, ou bien l'enthousiasme, toujours crédule, fit-il éclore après coup l'ensemble de récits par lesquels on chercha à établir la foi à la résurrection ? C'est ce que, faute de documents contradictoires, nous ignorerons à jamais[13]. » La critique des sources empêche Renan de croire en la résurrection. Il ne reconnaît pas davantage l'incarnation. Non seulement on tient là un élément du scandale que le livre souleva à l'époque, il fut condamné dans le Syllabus *complectens præciuos nostræ ætatis errores* que rédigea le pape Pie IX en 1864, mais on se trouve en présence d'une position difficilement compatible avec le rôle que lui prête Dumont.

> Faut-il parler de M. Renan, qui a essayé de mettre en français les nuageuses fictions de M. Strauss. On a fait autour de lui beaucoup trop bruit. Cela n'en valait pas la peine. Mais la secte a tenu à faire ce bruit, afin de faire lire le roman impie par les ignorants et les faibles ; comme elle force au silence sur tous les livres sérieux et véridiques, pour les empêcher d'être lus. La vérité historique des évangiles a été audacieusement attaquée par beaucoup d'autres allemands ou prussiens de la réforme[14].

Certes, Renan a abandonné le christianisme – séminariste au Saint-Sulpice, il quitte le séminaire en 1845 alors qu'il a tout juste 22 ans – et se sait renforcé par sa raison et sa méthode d'historien mais, comme il l'écrit dans ses souvenirs de jeunesse, ses « raisons de ne pas

12 Azélie Fayolle, « Ernest Renan », in Benjamin Thomas (dir.), *Le cinéma de Bruno Dumont en fragments alphabétiques*, Laval, Éditions Warm, 2021.

13 Ernest Renan, *Histoire des origines du christianisme. Livre premier. La vie de Jésus*, Paris, Éditions Michel Lévy Frères, 1863, mis en page par Claude Ovtcharenko, coll. Les classiques des sciences sociales, 2010, p. 272.

14 *Le Syllabus et l'encyclique Quanta Cura du 8 décembre 1864*, Commentaire de F.L.M. Maupied, Bibliothèque Saint Libère, 2009, p. 120-121.

croire furent toutes de l'ordre philologique et critique ; elles ne furent nullement de l'ordre métaphysique, de l'ordre politique, de l'ordre moral[15]. » Même s'il partage avec Hegel cette idée toujours active que Jésus est d'abord la figure d'un idéal moral, son projet est bel et bien d'écrire « une histoire critique des origines du christianisme[16] », comme il l'annonce dans une lettre qu'il adresse à Sainte-Beuve en 1860[17]. Il y a au contraire chez le jeune Hegel une farouche volonté d'instaurer « une nouvelle mystique de la cité libre, en détruisant le mysticisme allié au despotisme, qui culmine avec le christianisme[18]. »

Si la résurrection chez Dumont n'a pas le pouvoir de résolution théologique que lui prête Hegel, elle n'en demeure pas moins placée en ouverture d'une œuvre qui n'a cessé d'interroger les possibilités de la vie morale à partir de sa réserve mystique. La résurrection de Freddy, on le verra, est à plus d'un titre une élévation spirituelle, véritable leitmotiv de l'œuvre dumontien. On en retrouve la devise figurative dans *France* (Fig. 1), dans l'appartement-musée du personnage éponyme, sous les espèces d'un tableau d'Eustache Le Sueur, *L'enlèvement de Ganymède* (1630).

FIG. 1 – Bruno Dumont, *France*, 2021.

15 Antoine Albalat, *La vie de Jésus d'Ernest Renan*, Paris, Société française d'éditions littéraires et techniques, 1933, p. 12-13.

16 *Ibid.*, p. 26.

17 *Ibid.*

18 Bernard Bourgeois, *La pensée politique de Hegel*, Paris, Puf, 1969.

Loin des premières acceptions homériques insistant sur les amours homosexuelles entre les mortels et les dieux, le Ganymède de Le Sueur dessine l'allégorie d'une union mystique qui préfigure le destin du personnage. Tout en traitant le thème sur le modèle d'une « interprétation spiritualiste[19] », dont on trouve les prémices dans le chant IX du *Purgatoire* de Dante, lorsque le destin du poète, « à mi-chemin entre l'Enfer et le Paradis, est annoncé par l'ascension de Ganymède, ravi entre ciel et terre[20] », Dumont poursuit sa méditation cinématographique sur les formes de la résurrection spirituelle, refusant de s'abandonner au pessimisme que lui inspire pourtant son époque.

L'HÉROÏSME MYSTIQUE DE CHARLES PÉGUY

Inquiétée par l'Église qui a fini par se détacher de cette encombrante passion, contestée par les rationalismes philosophiques des Lumières, la mystique n'a pas disparu des Temps modernes, elle s'est frayé une voie vers l'art, la philosophie et la politique. En effet, dès le XIVe siècle l'Église a entrepris de réduire la multiplication des formes irrégulières du christianisme populaire. La mystique ne devait pas y échapper. Michel de Certeau en a donné une analyse minutieuse : « Les campagnes ecclésiastiques de la fin du Moyen Âge développent les procédures qui font revenir les expériences "mystiques" dans le champ de l'institution visible[21]. » C'est que la mystique, lorsqu'elle n'est pas disciplinée par la théologie, échappe à la règle et au compas des institutions ecclésiales. Étrangère à toute systématique, puisqu'elle tient sa loi de l'intimité de l'expérience, elle est le milieu propice de l'hérésie, de l'anomie, du délire et de l'intempérance spirituelle. Le XIXe siècle tâchera d'y mettre bon ordre, reprenant à son compte ces

19 Véronique Gély, *Ganymède ou l'échanson. Rapt, ravissement et ivresse poétique*, Paris, Presses universitaires de Paris Nanterre, 2008, p. 28.

20 Clélia Anfray, « Le mythe de Ganymède chez Dante et son illustration par Botticelli, Blake et Doré », in Véronique Gély (dir.), *Ganymède ou l'échanson. Rapt, ravissement et ivresse poétique*, *op. cit.*, p. 161.

21 Michel de Certeau, *La fable mystique, I, XVIe-XVIIe siècle*, Paris, Éditions Gallimard, coll. Tel, 1982, p. 117.

formes soustraites à l'administration de l'Église qui trouve dans la médecine aliéniste une alliée de circonstance. Le mystique quitte le royaume de Dieu pour l'hospice, le ciel pour le dépôt de mendicité et la cité celeste pour l'asile : on fait de l'extatique un délinquant et du mystique un aliéné. Si les gens sans aveu et les simples d'esprit que l'on enferme ne peuvent plus parler, si la mystique populaire se tait, à la même époque Jules Michelet en retrouve la voix dans les chants des tisserands mystiques du Moyen Âge, ceux qui, connus « sous le nom de lollards, parce qu'en effet, tout en travaillant, ils lollaient, chantaient à voix basse, ou du moins en esprit, quelque chant de nourrice[22]. » Et lorsqu'il écrit en une formule qui sera au cœur de la philosophie politique de Rancière « j'ai fait parler dans ce livre ceux qui n'en sont pas même à savoir s'ils ont un droit au monde », ce sont ces mêmes mystiques de Flandres et de Lyon qui reviennent former un nouveau peuple de France. Historien, Michelet désire refonder une société laïque, véritable « cité politique » qu'il voit « au miroir de la cité morale[23]. » La mystique républicaine de Péguy est fille de la mystique du peuple de Michelet. Que la politique les oppose n'enlève rien au fait qu'elles partagent une même vision qui ordonne les héros, les saints et les victimes. Lorsqu'il constate que l'affaire Dreyfus a définitivement ruiné ce qu'il restait de mystique dans la politique, il sait qu'il fut une époque où elle était encore la grandeur de la République. Il exista donc une mystique républicaine qui se savait suffisamment forte dans ses principes pour n'admettre aucune injustice, aucun crime, aucun déshonneur, quel qu'en fût le coût politique, avant qu'une politique républicaine ne juge possible de s'en accommoder, résolue à sacrifier « un homme, quel qu'il soit, quelques légitimes que soient ses intérêts ou ses droits » à la cause d'un peuple, cet « énorme assemblage des intérêts, des droits les plus légitimes » et « les plus sacrés[24]. » Péguy ne transige pas : admettre ne serait-ce que la plus petite « illégalité », c'est mettre en péril « tout le pacte social, tout le contrat social[25]. » L'affaire Dreyfus a été son sacré-cœur, l'occasion de rétablir l'autel de la République et d'y communier une dernière

22 Jules Michelet, *Le Peuple*, 1846, Paris, Éditions Calmann-Lévy, 1877, p. 38-39.

23 *Ibid.*, p. 134.

24 Charles Péguy, « Notre jeunesse, Cahiers, XI, XII (17 juillet 1910) », in *Œuvres en Prose complètes III*, Paris, Éditions Gallimard, Bibliothèque de la Pléiade, 1992, p. 151.

25 *Ibid.*, p. 150.

fois. On connaît la formule de Péguy qui conclut *Notre jeunesse* : « La mystique républicaine, c'était quand on mourrait pour la République, la politique républicaine, c'est à présent qu'on en vit[26]. » L'idée vient de loin, adaptée de l'ancienne formule romaine *Pro patria mori*, avant qu'elle ne soit reprise par l'Église chrétienne qui l'a élargie à la patrie céleste. Ernst Kantorowicz a laissé sur ce point une étude exemplaire : « Pour cette *communis patria* dans les cieux, les martyrs avaient versé leur sang. Par conséquent, le martyr chrétien qui s'était immolé pour la *politia* invisible et était mort pour son seigneur divin *pro fide* devait rester – et cela, en fait, jusqu'au XXe siècle – le modèle authentique de l'abnégation civile[27]. » Péguy en a conservé l'image, jugeant de la République bien au-delà de ses principes constitutionnels, ajoutant la foi au droit, l'amour à la raison, la mort à la vie. C'est pourtant l'inverse qui a eu lieu : « La seule force de la République, écrit Péguy, c'est que la République est plus ou moins aimée. Que tant d'hommes aient tant vécu et tant souffert pour la République, qu'ils aient tant cru en elle, qu'ils soient tant morts pour elle, que pour elle ils aient tant supporté d'épreuves, souvent extrêmes, voilà ce qui compte, voilà ce qui m'intéresse, voilà ce qui existe. Voilà ce qui fonde, voilà ce qui fait la légitimité d'un régime[28]. » Chez ce jeune écrivain qui achève sa première *Jeanne d'Arc* et publie la même année son premier article dans la *Revue socialiste*, la mystique est inconditionnelle et oriente l'action politique : « le monde de ceux qui n'ont pas de mystique[29] » n'est pas le sien. Ce qu'il découvre c'est que « le mouvement de *dérépublicanisation* de la France est profondément le même mouvement que le mouvement de sa *déchristianisation*. C'est ensemble un même, un seul mouvement profond de *démystication*[30]. » Le peuple dont rêvait Michelet est en voie d'extinction : Dieu s'est fait plus rare, tandis que la vie républicaine a déjà perdu de sa vigueur. Ce que constate Péguy, c'est que la mystique est tout une, chrétienne, républicaine et révolutionnaire, sans distinction de grandeur ou d'idole, parce qu'elle

26 *Ibid.*, p. 156.

27 Ernst Kantorowicz, *Les Deux Corps du roi. Essai sur la théologie politique au Moyen Âge*, trad. Jean-Philippe et Nicole Genet, Paris, Éditions Gallimard, coll. Folio, 2000 (1957), p. 277.

28 Charles Péguy, « Notre jeunesse », *op. cit.*, p. 158.

29 *Ibid.* p. 10.

30 *Ibid.*

ne se referme pas en Dieu mais consonne avec la part de sacrifices que chrétiens, républicains et révolutionnaires sont capables de consentir. Il y faut donc une force première sans laquelle l'action pourrait quitter sa trajectoire morale et manquer son but. Cette force a un nom pour Péguy, et il la nomme « amour », force évidemment transposée depuis la dramatique chrétienne qui a consigné dans la mort du Fils tout l'amour du Père pour l'humanité. Telle fut l'affaire Dreyfus pour l'auteur du *Mystère de la charité de Jeanne d'Arc*, une dramatique de la vie civile qui « vivait de sa mystique[31]. » C'est pourtant de la politique qu'elle est morte. Péguy n'a eu de cesse d'analyser les contradictions qui les minent, jugeant des sacrifices de la première et des dédommagements de la seconde. Constatant que « les forces politiques de l'Église ont toujours été contre la mystique. Notamment contre la mystique chrétienne[32] », il refusera à l'Église la vérité mystique qui est au cœur du christianisme.

Les deux *Jeanne d'Arc* de Dumont en ont conservé le signe critique : tout, dans le procès de Rouen qu'il filme dans la cathédrale d'Amiens, résonne de cette tension qui oppose la sublime monumentalité du lieu et la mesquinerie morale des juges qui accablent la jeune Lorraine. Et pourtant, elle seule y a mérité sa place. Elle seule n'oublie jamais qu'elle parle sous le regard de Dieu. Comme l'écrit Florence Delay qui interpréta Jeanne d'Arc dans le film de Robert Bresson, « qui parle de Jeanne doit en passer par Dieu[33]. » Et cela Dumont le sait. Comme il n'ignore pas ce que savait Alain Badiou : « car ayant existé, elle n'est pas un rôle, en sorte que l'interprétation doit se tenir aussi près qu'il est possible d'une impossible résurrection[34]. » En retenant la jeune Lise Leplat Prudhomme pour interpréter la Pucelle, Dumont assume cet impossible. Sa fidélité va d'abord à Péguy et non à l'histoire de France. C'est que ses libertés historiographiques ne sont pas seulement celles d'un auteur responsable devant son art, elles témoignent aussi de ce qu'il doit à la pensée d'un homme qui, jusqu'au bout, est resté fidèle à l'esprit de son héroïne.

31 *Ibid.*, p. 41.

32 *Ibid.*, p. 85.

33 Florence Delay, « L'idiome de France », in *Esprit*, décembre 1997, n° 238, p. 34.

34 Alain Badiou, « L'insoumission de Jeanne », in *Esprit*, décembre 1997, n° 238, p. 26.

DÉPASSER LE NATURALISME

La mystique a survécu à sa sortie de la religion, comme elle a survécu au recul de la littérature catholique du XXe siècle. C'est ce que nous rappelle avec force l'œuvre de Bruno Dumont qui croise celle de Charles Péguy et partage avec elle de ne jamais séparer le ciel et la terre, la mystique et la politique. Il s'en est expliqué à propos de ses deux *Jeanne d'Arc* : « Jeanne c'est la terre, la petite fermière gardienne de moutons sur le sol qui, soudain, regarde le ciel. Sa vie c'est le passage du bas vers le haut. Une mystique pas désincarnée, bien au contraire[35]. » On a douté que son cinéma fût réellement politique et regretté que son réalisme se soit finalement négocié au prix d'un « discours esthético-spiritualiste[36] », ruinant la double leçon de Gustave Flaubert sur l'art et le réalisme qui l'inspire. Or nous verrons qu'une telle lecture du film repose sur deux prémisses également erronées. La première conçoit le spirituel comme une faute politique. La seconde, conforme au théorème de Rivette (*De l'abjection*, 1961), fait de son formalisme une faute morale. Or Dumont ne choisit pas le spirituel contre la politique, pas plus qu'il n'élève la voie de l'art pour l'art contre le réalisme de son sujet. Bien au contraire, chez lui la mystique est le moyen de sa politique.

Posons sans tarder que la mystique dumontienne ne se limite pas aux seules figures d'Hadewijch d'Anvers et de Jeanne d'Arc : elle n'est ni circonscrite aux quelques films qui confirment des sources chrétiennes ni limitée à la part contrariée d'une œuvre cinématographique taillée dans l'étoffe du réalisme. Il s'agit tout autrement de faire entendre une intimité esthétique qui rend la mystique responsable de son réalisme. Dumont le dit à propos de *Jeanne* : filmer Jeanne d'Arc, c'est filmer « le nœud mystique de la France[37]. » Une semaine plus tard, le cinéaste reprend son propos : « Jeanne ce n'est même plus une femme d'ailleurs [...] c'est le cœur vibrant de la nature humaine. Le cœur mystique du

35 Bruno Dumont, Entretien avec Nedjma Van Egmond, « Filmer Jeanne d'Arc, c'est filmer le mystère de la France », *Marianne*, Cannes, 18 mai 2019.

36 Jacques Rancière, « Le bruit du peuple, l'image de l'art », *Cahiers du cinéma*, n° 540, novembre 1999, p. 110.

37 Bruno Dumont, Entretien avec Nedjma Van Egmond, *op. cit.*

tout un chacun[38]. » La reconstitution historique ne lui est pas nécessaire, rien ne compte que « l'exactitude symbolique » et la possibilité d'« être symboliquement juste[39]. » La critique s'est déjà avisée de tels écarts réalistes, et cela bien avant les deux *Jeanne* qui n'ont ni les fastes de la reconstitution historique ni les caractères d'une description psychologique. On a parlé de « naturalisme magique[40] » et de « naturalisme enchanté[41] » pour tenter de résoudre la part de surnaturel qui déborde le cadre réaliste de ses fictions, sans bien voir que le naturalisme de Dumont procède d'une perception et d'une compréhension mystiques du monde.

Il ne s'agit pas de refuser l'exagération naturaliste et ses avatars figuratifs où le grotesque des personnages le dispute à l'obscénité des corps, mais de se garder d'en refermer trop tôt l'inventaire sur les évidences littéraires du roman expérimental dont Émile Zola s'est fait le promoteur. On pourra sans doute reconnaître dans les analyses que ce dernier consacre au cas Huysmans une irrésistible affinité esthétique. Le milieu et les personnages sont autant de ressemblances qui font croire à des parentés. On aurait pourtant tort de les suivre à la lettre. Lorsque Zola reprend ce passage des *Sœurs Vatard* (J.-K. Huysmans, 1879) – « Ces filles qui ne cherchent guère de liaisons en dehors de leur monde, ne s'enflamment véritablement qu'au souffle des haleines vineuses, ramassis de chenapans femelles, écloses pour la plupart dans un bouge et qui ont, dès l'âge de quatorze ans, éteint les premiers incendies de leurs chairs derrière le mur des abattoirs ou dans le fond des ruelles » – il ne doute pas que la littérature repose désormais sur « la puissance du document humain » et que « tout l'art moderne est là[42]. » Physiologie et sociologie gouvernent la description littéraire, mais elles refluent dans le cinéma dumontien qui n'en conserve que la gangue phénoménologique. À première vue, tout y est, la boue, la sueur et l'urine naturalistes perlent dans les plans

38 « Bruno Dumont explore le mythe de Jeanne d'Arc à l'écran », Entretien avec Nadège Alezine, Magazine *Ici Londres*, 29 mai 2020.

39 *Ibid.*

40 Philippe Gajan, « Éloge du naturalisme magique ou le réenchantement du monde : réhabiliter *Post Tenebras Lux* », in *24 images*, n° 160, décembre 2012-janvier 2013.

41 Jean-François Pigoullié, « Malick, Dumont, Rohmer. Réenchanter le monde », in *Études* 2013/3 (tome 418).

42 Émile Zola, « J-K Huysmans », in *Le roman expérimental*, Paris, Éditions G. Charpentier, 1881, p. 242.

de ses premiers films. Et cependant on y chercherait en vain les pièces d'un « procès-verbal » nous renseignant sur des passions élémentaires, un milieu ou des expressions sociales. Zola faisait des *romanciers naturalistes* des greffiers de la nature humaine, point d'arrivée d'une science littéraire, Dumont y voit comme à rebours une forme incomplète, une origine dont il faut partir. L'auteur des *Rougon-Macquart* qui plaçait son grand cycle romanesque sous le signe d'une « Histoire naturelle et sociale d'une famille sous le Second Empire » a lu Balzac et médité l'avant-propos de *La Comédie humaine* qui faisait de l'*Histoire naturelle* de Buffon le modèle d'une future sociologie littéraire. Mais il a surtout fréquenté les travaux de Hippolyte Taine sur l'histoire de la littérature et ceux de Claude Bernard sur la médecine expérimentale dont il a lu la grande *Introduction* (1865). Du premier il retient les notions de race, de milieu et de moment qui règlent les rapports de l'œuvre à l'auteur, du second il reprend le principe déterministe de l'interaction entre les milieux intérieurs et extérieurs. Enfin, de leur influence respective il dégage une conclusion qui fait du roman expérimental « une conséquence de l'évolution scientifique du siècle ; il continue et complète la physiologie, qui elle-même s'appuie sur la chimie et la physique ; il substitue à l'étude de l'homme abstrait, de l'homme métaphysique, l'étude de l'homme naturel, soumis aux lois physico-chimiques et déterminé par les influences du milieu[43]. »

On ne fera donc pas de l'exclamation du lieutenant Carpentier (*P'tit Quinquin*, 2014), s'étonnant que du sang humain soit mélangé à celui de la vache autopsiée par le médecin légiste – « La bête humaine… c'est du Zola ! » – l'aveu d'une filiation esthétique, voire « une véritable déclaration d'intention[44] » du cinéaste. On y verra au contraire le geste de celui qui a choisi d'en brocarder le préjugé critique et de s'en libérer. S'il est toujours possible de lire Dumont à partir des axiomes de l'esthétique naturaliste – « Faire mouvoir des personnages réels dans un milieu réel, donner au lecteur un lambeau de vie humaine, tout le roman naturaliste est là[45] » – il est difficile de ne pas voir que ce bas matérialisme n'est donné que pour satisfaire l'attente d'une illumination qui, seule, pourra éclairer d'une gloire enfin humaine « tout ce milieu ouvrier, ce coin de misère

43 Émile Zola, « Le roman expérimental », in *Le roman expérimental*, *op. cit.*, p. 22.

44 Christophe Damour, « Naturalisme », in Benjamin Thomas (dir.), *Le cinéma de Bruno Dumont en fragments alphabétiques*, *op. cit.*, p. 280.

45 Émile Zola, « Du roman », in *Le roman expérimental*, *op. cit.*, p. 208.

et d'ignorance, de tranquille ordure et d'air naturellement empesté[46]. » C'est vers ce même coin de misère, plongé dans la noirceur d'une vie criminelle, que France revient à la toute fin du film, dût-il échouer à rendre sensible la conversion de son personnage. Ce n'est pas le mot « naturalisme » qui fait obstacle, mais son enrôlement esthétique qui ne tient compte ni du différentiel historique ni du différend artistique qui sépare Zola et Dumont. Le premier veut se faire le « moraliste expérimentateur » d'une nature humaine soumise à une ingénierie littéraire des œuvres naturalistes, le second n'a de cesse d'agrandir la part de mystère qui amenuise leurs prétentions positivistes. L'un appelle des œuvres « qui expérimentent sur l'homme, qui démontent et remontent pièce à pièce la machine humaine, pour la faire fonctionner sous l'influence des milieux[47] », l'autre a pour compagnonnage le Huysmans de *Là-bas*, qui désirait se « faire puisatier d'âme » et se refusait à « expliquer le mystère par les maladies des sens[48]. » Zola s'imagine pouvoir faire œuvre de justice sociale, Dumont ignore toute pédagogie morale. Il faut relire les premières pages du roman expérimental, on y trouvera l'objection qui complique le naturalisme de Dumont : « Que l'on compare un instant la besogne des romanciers idéalistes à la nôtre : et ici ce mot d'idéalistes indique les écrivains qui sortent de l'observation et de l'expérience pour baser leurs œuvres sur le surnaturel et l'irrationnel, qui admettent en un mot des forces mystérieuses, en dehors du déterminisme des phénomènes[49]. » Dumont n'a rien d'un idéaliste, mais son matérialisme est inséparable des *forces mystérieuses* dont se méfiait Zola. Mieux, il y trouve son inspiration et son origine. Lorsque l'un n'a d'autre souhait que d'« aller du connu à l'inconnu », avec pour ambition d'épuiser la complexité de la nature enfin ramenée à la simplicité des lois naturelles, l'autre choisit la voie inverse qui va de l'inconnu au connu et se laisse habiter par cet excès de puissance. Et quand Zola défend le principe de son naturalisme dans *Le roman expérimental* – « Cette nudité de l'intrigue est caractéristique. Notre roman contemporain se simplifie de plus en plus, par haine des intrigues compliquées et mensongères [...]. Une page d'une vie humaine, et c'est assez pour l'intérêt, pour l'émotion profonde

46 *Ibid.*, p. 242.
47 *Ibid.*, p. 24.
48 Joris-Karl Huysmans, *Là-bas*, Paris, Éditions Stock, 1896, p. 6.
49 Émile Zola, *Le roman expérimental*, *op. cit.*, p. 24.

et durable. Le moindre document humain vous prend aux entrailles plus fortement que n'importe quelle combinaison imaginaire. On finira par donner de simples études, sans péripétie ni dénouement, l'analyse d'une année d'existence, l'histoire d'une passion, la biographie d'un personnage, les notes prises sur la vie et logiquement classées[50] » – ce n'est pas à Dumont que l'on pense mais à la description qu'André Bazin nous a donnée du *Voleur de bicyclette* (Vittoria de Sica, 1948). Naturalisme, oui, si l'on veut, puisqu'il faut bien nommer ce réel saisi dans sa promiscuité, mais n'oublions pas que chez Dumont tout tient d'un même mouvement qui va de la terre au ciel.

Huysmans découvrait dans la terrible *Crucifixion* de Grünewald (*Là-bas*, 1891) la possibilité d'offrir au naturalisme une sortie surnaturelle, Dumont n'a eu besoin que du Lazare momifié de Giotto pour deviner l'envers naturaliste du monde. Il suffit d'ouvrir son roman pour y lire une proposition qui convient mieux que celle qu'a forgée Zola : « Au fond, il avait vagabondé loin de son point de départ, de ce naturalisme si conspué par Des Hermies. Il revenait maintenant à mi-route, jusqu'au Grünewald et il se disait que ce tableau était le prototype exaspéré de l'art. Il était bien inutile d'aller aussi loin, d'échouer sous prétexte d'au-delà, dans le catholicisme le plus fervent. Il lui suffirait peut-être d'être spiritualiste, pour s'imaginer le supranaturalisme, la seule formule qui lui convînt[51]. » Des Hermies ne « reproche au naturalisme ni ses termes de pontons, ni son vocabulaire de latrines et d'hospices », il regrette plus durement que pour avoir choisi d'introduire le matérialisme et la démocratie en art et en littérature, le roman ait dû sacrifier la vie de l'âme au seul profit des passions les plus triviales : « Le roman, si cela se pouvait, devrait se diviser de lui-même en deux parts, néanmoins soudées ou plutôt confondues, comme elles le sont dans la vie, celle de l'âme, celle du corps, et s'occuper de leurs réactifs, de leurs conflits, de leur entente. Il faudrait, en un mot, suivre la grande voie si profondément creusée par Zola, mais il serait nécessaire aussi de tracer en l'air un chemin parallèle, une autre route, d'atteindre les en deçà et les après, de faire en un mot, un naturalisme spiritualiste : ce serait autrement fier, autrement complet, autrement fort[52] ! »

50 *Ibid.*, p. 241.
51 Joris-Karl Huysmans, *Là-bas*, *op. cit.*, p. 20.
52 *Ibid.*, p. 6.

On le voit, le mot ne fonctionne jamais seul. Pour qu'il puisse faire sens chez Huysmans comme chez Dumont, il faut lui trouver d'autres accords que la médecine de Claude Bernard ou la sociologie de Taine. Huysmans a trouvé dans le catholicisme médiéval la possibilité d'un « naturalisme mystique[53] », on peut s'en inspirer et reprendre le mot « mystique » qui, pour être directement lié à la doctrine chrétienne qui en a formulé la théologie et administré les expressions historiques, n'en demeure pas moins parfaitement adapté pour désigner l'esthétique d'un cinéaste qui s'est dit convaincu que « l'art doit faire revenir dans son théâtre ce que l'Église lui a pris, c'est-à-dire le sens du sacré[54]. » Certes, nous disposons d'une tradition littéraire née au XIXe siècle qui a maintenu des relations privilégiées avec la littérature mystique. Elle court de Ruysbroeck à Madame Guyon et partage avec elle le « manque qui affecte l'être, le réel, mais aussi le langage[55] » sans toutefois renoncer à une liberté créatrice dont on a dit qu'elle « inaugure les poétiques de la modernité[56]. » Ce n'est alors pas tant Dieu que l'on cherche dans l'écriture mystique, mais une figure de l'écrivain et une situation de la littérature : « Il faut bien constater que les romanciers et dramaturges nourris de la lecture des mystiques et imprégnés de leur discours manifestent, à l'égard de leur art, une fécondité indéniable, qui fait d'eux des visionnaires ou des précurseurs[57]. » L'héritage de cette tradition ne s'est pas perdu, il a même conservé un pouvoir explicatif chez Dumont, à condition, toutefois, de démêler les traits polémiques d'une époque qui a stigmatisé l'« ordure naturaliste[58] » d'un Zola pour mieux lui opposer une version spiritualiste violemment défendue par Léon Bloy. Renoncer à Zola, ce n'est certainement pas choisir celui qui s'est rêvé en démolisseur de l'esthétique naturaliste, réduisant ce dernier à n'être

---

53 *Ibid.*, p. 15.

54 Bruno Dumont, « Le personnage de Jeanne d'Arc démontre les possibilités de la grâce », Entretien avec Mathieu Macheret, *Le Monde*, 11 septembre 2019.

55 Lydie Parisse, « Introduction », in Lydie Parisse (dir.), *Le discours mystique dans la littérature et les arts de la fin du XIXe siècle à nos jours*, Rencontres 31, Paris, Classiques Garnier, 2012, p. 10.

56 *Ibid.*

57 Lydie Parisse, « Discours mystiques, littérature et théâtre dans le dernier tiers du XIXe siècle. Formes et enjeux », in Lydie Parisse (dir.), *Le discours mystique dans la littérature et les arts de la fin du XIXe siècle à nos jours*, *op. cit.*, p. 82.

58 Léon Bloy, « Le cent-unième chacal », 1884, in *Propos d'un entrepreneur de démolitions*, Paris, Librairie Stock, 1925, p. 217.

que « l'unique, le désiré et le bien-aimé, le Triton de la fosse d'aisances naturaliste, le cloporte vengeur par qui toute ordure est enfin mise à sa vraie place, c'est-à-dire dans la tête humaine et qui donne leur revanche à tous les goujats du monde contre tous les hommes de génie, tous les poètes et tous les héros[59] ! » La mystique dumontienne est étrangère à la mystique littéraire de celui qui, animé d'une « fureur critique anarcho droitiste[60] », vouait une haine farouche à la République et à la démocratie. Saluant l'exception mystique de Maurice Rollinat, poète aujourd'hui un peu oublié, Bloy regrettait que « le langage moderne, ce Bas-Empire de notre décadence intellectuelle, [ait] trouvé le moyen de faire du mot mysticisme une injure », avant de faire du « mysticisme » « l'activité suprême » et des « Mystiques [...] les vrais clairvoyants de l'humanité[61]. » Un siècle après, l'injure n'a rien perdu de son tranchant. Mystique est un mot mal famé qui n'est pas mieux compris au XXIe siècle, lorsqu'il ne sert pas à disqualifier une œuvre et à jeter l'opprobre sur un auteur.

Contrairement à Bloy qui jugeait inconciliables la mystique et le matérialisme, Dumont entend lier fermement les deux. Il filme depuis la terre, mais regarde le ciel, certain que le monde n'est monde que mystérieusement. « Mon objet, explique-t-il à l'occasion de la sortie de *Jeanne* (2019), n'était pas d'expliquer le mystère, mais de le filmer. Les mystères doivent rester des mystères[62]. » Philosophe de formation devenu cinéaste par vocation, il n'attend ni détachement mondain ni élucidation transcendante. « Mes films sont inscrits dans ce montage de l'existence, qui est en soi une mystique athée », déclare Dumont à propos de *Flandres.* Formulée sans Dieu, la mystique dumontienne ne s'est cependant pas privée d'un dialogue philosophique avec Bergson et Péguy, pas plus qu'elle ne s'est interdit de tirer parti du vocabulaire figuratif de la littérature mystique. Ses fictions se négocient à la croisée de la société et du monde. De la première elles retiennent une situation sociale qui a ses expressions documentées, du second elles attendent une orientation métaphysique qui inspire le mouvement du récit et les décisions de ses personnages.

59 Léon Bloy, « L'extrémité de la queue », 1883, *Propos d'un entrepreneur de démolitions*, *op. cit.*, p. 82.

60 François Richard, *L'anarchisme de droit dans la littérature contemporaine*, Paris, Puf, 1998, p. 44.

61 Léon Bloy, « Les artistes mystérieux », in *Propos d'un entrepreneur de démolitions*, *op. cit.*, p. 282.

62 Bruno Dumont, Entretien avec Nedjma Van Egmond, *op. cit.*

Si sa mystique est bien celle d'un cinéaste qui ne croit pas en Dieu, c'est pourtant au nom d'un mystère unifiant les fractions sociales du monde qu'il filme. Ses paysages, nous le verrons, n'ont de réalité esthétique que rapportés à une unité mystérieuse qui justifie leur composition. Rien ne change dans ses compositions, mais tôt ou tard un événement en modifie la nature qui laisse place à des paysages que l'on dira *mystiques*, c'est-à-dire comptés comme autant de clinamens allégoriques d'un récit ouvert sur une réalité excédentaire. La chose n'est pas nouvelle. La récente exposition que le musée d'Orsay a consacrée au paysage mystique de Monet à Kandinsky (2016) est venue nous le rappeler. Quant à ses personnages, rien d'autre ne compte que cette intime poussée dans l'être qui les force à chercher et à reconnaître le lien moral qui façonne les communautés humaines. En les livrant à la puissance d'une charité qui ignore tout de ses origines, force brute qui s'élance dans le monde comme un Christ primitif dont il rejoue les gestes d'amour, Dumont part du lieu vide laissé par Dieu. Bergson disait de la mystique chrétienne qu'elle ne pouvait que réveiller le souvenir du premier des mystiques, le Christ, modèle complet d'une expérience humaine de Dieu. Dumont s'en souvient, certes, mais il préfère croire que son vitalisme peut désormais se passer de cette imitation, comme il préfère ne pas choisir entre un Péguy redoutant que la fraternité mystique puisse se convertir en solidarité politique et un Bergson concédant que « la charité peut se diffuser dans le social sans se perdre complètement[63]. » *La vie de Jésus* est bel et bien le titre d'un recommencement, le nom d'une mythologie qui dépend moins du Dieu qui l'inspire que de la métaphysique qu'elle a laissée en héritage à un monde qui s'est imaginé pouvoir s'affranchir de ses droits de succession.

63 Jean-Louis Vieillard-Baron, « L'exception mystique et la guerre », in *La mystique face aux guerres mondiales*, Paris, Puf, 2010, p. 128.

PER MYSTERIUM

Dumont s'est ainsi convaincu que le monde devait être élargi aux dimensions d'un « grand corps mystique où tout se coudoie et que l'art seul voit[64]. » Il en a fait le principe esthétique de son réalisme. Ses paysages y ont trouvé une règle de composition, sa *dramatis personae* un cadre narratif et ses fables une irrésistible vitalité. On pourrait croire ses mondes malades, victimes de quelque désintégration sociale et morale, ils ne le sont qu'en apparence. De Péguy, Dumont conserve cette foi souveraine en l'homme qui, portée par les forces ascensionnelles d'un même héroïsme spirituel, le place en position de répondre aux scandales de la misère et d'un mal déclaré universel. Le voilà proche du Bergson des *Deux sources de la morale et de la religion* qui prêtait un pouvoir de transformation sociale à la mystique. De celle-ci il attendait qu'elle achève la révolution industrielle et qu'elle scelle le destin historique de la devise républicaine. Bergson s'est en effet persuadé que lorsque « viennent les machines qui accroissent le rendement de la terre et qui surtout en font circuler les produits », mais « aussi des organisations politiques et sociales qui prouvent expérimentalement que les masses ne sont pas condamnées à une vie de servitude et de misère comme à une nécessité inéluctable », alors « la délivrance devient possible dans un sens tout nouveau » et « la poussée mystique, si elle s'exerce quelque part avec assez de force, ne s'arrêtera plus net devant des impossibilités d'agir[65]. » Mais il a surtout établi entre la politique et la mystique un lien de dépendance morale dont il attend qu'il surmonte le fond abstrait de la démocratie : n'est-ce pas la fraternité, se demande Bergson, qui permet de concilier la liberté de chacun et l'égalité de tous ? Pour achever cette longue méditation philosophique, il ne lui restait plus qu'à conclure que « la démocratie est d'essence évangélique, et qu'elle a pour moteur l'amour[66]. » La part politique du cinéma de Dumont n'a pas toujours été clairement identifiée, lorsqu'elle ne lui a pas été tout simplement refusée. Or, elle est non seulement essentielle à la compréhension de

64 Bruno Dumont, « Entretien », Groupement national des cinémas de recherche, 2017.
65 Henri Bergson, *Les deux sources de la morale et de la religion*, 1932, *op. cit.*, p. 298.
66 *Ibid.*, p. 172.

ses films, mais elle se trouve pleinement dépendante de sa conception mystique du monde et des actions humaines. Si la mystique n'est pas le signe opposé de la politique, si elle ne lutte pas contre elle, c'est que Dumont partage avec Péguy et Bergson cette idée simple et cependant inflexible que l'amour peut être placé en position de réparer le monde. Sa mystique, c'est de croire que l'amour est l'agent d'une réparation possible, sa politique, c'est de faire en sorte que le crime ou le point d'abjection à partir duquel on le juge n'en soit pas exclu.

Précisons sans plus attendre avant d'y revenir que, loin de penser la politique « comme une réflexion sur ce qui unit ou divise la communauté[67] », Dumont ne part pas d'elle, pas plus qu'il ne juge des écarts ou des marges que compte la société. Sa visée est tout autre, et n'a pour seule mesure que le crime, l'inaliénable de la vie morale, principe d'une inconditionnalité de fait à partir de laquelle l'humanité peut être pensée. La jauge politique de son cinéma n'est ni la société ni la communauté, mais l'humanité. Le titre de son deuxième long-métrage est à prendre littéralement. Voilà pourquoi ni Freddy ni Joseph, malgré le crime dont ils se sont rendus coupables, ne seront exclus d'un monde qui ne peut se dire sans eux. Si humanité il y a, c'est à partir d'eux qu'elle doit être pensée. C'est ici qu'il retrouve Péguy, lorsque ce dernier « ne cherche plus seulement à éradiquer le scandale de la misère : [parce que] c'est tout le "salut" de la France et de l'humanité, dans le temporel comme dans l'éternel, qui le préoccupe désormais[68]. » Alexandre de Vitry a raison d'écrire que « le monde contemporain lui est devenu plus odieux que jamais, en même temps que son imagination civique s'est "infinitisée". » Il n'y a pas un mot à changer pour décrire la relation de Dumont à son époque.

Une différence essentielle les sépare néanmoins. Péguy œuvrait depuis une vie intensément politisée qui réclamait une morale kantienne – l'affaire Dreyfus lui donnait l'occasion de la mettre à l'épreuve – Dumont, lui, n'a d'autre appui qu'un monde réduit à sa faim originelle, insatisfaite et insondable. C'est en quittant la pulsion que l'on accède au politique, mais c'est la mystique qui fonde la vie civique. Les appétits

---

67 Raphaël Jaudon, « Politique », in Benjamin Thomas (dir.), *Le cinéma de Bruno Dumont en fragments alphabétiques*, *op. cit.*, p. 318.

68 Alexandre de Vitry, « La mystique de Charles Péguy et notre politique », Commentaire SA, 2016, 1 n° 153.

de ses personnages font vivre des corps, activent de petites machines désirantes et aveugles, suscitent des comportements souvent primaires et grossiers, sans que jamais ne s'épuise l'intuition d'un effort et d'un désir qui ne les laissent pas en paix. Hadewijch n'est pas l'exception d'une filmographie qui s'écrit depuis les marges sociales ou l'inframonde d'un cinéma réaliste, elle est celle qui est venue nommer le reste spirituel qui tourmentait les premiers personnages dumontiens. Par politique il ne s'agira donc pas d'entendre une position sur ce qui fait société : on ne saurait oublier qu'elle s'exerce depuis le cinéma et qu'elle appelle une position sur l'art qui rend la fable responsable du monde qu'elle figure. Mystique de la politique et politique de l'art sont les deux faces d'un cinéma qui cherche à comprendre quelles navettes philosophiques permettent de passer de la société à l'humanité.

Il convient donc de s'arrêter sur le choix de cette formule, *corps mystique*, tirée de la théologie et de la liturgie chrétiennes, et cependant libre du *corpus Christi mysticum* de l'eucharistie comme du *corpus Ecclesiae mysticum* de l'Église qui en a repris l'efficacité symbolique.

> Car c'est à partir de son acception eucharistique, et c'est dans l'exposé des doctrines concernant les rapports de l'Eucharistie et de l'Église que *corpus mysticum*, grâce à une inversion qui ne se réalisa que par étapes, en vint à prendre, passé le milieu du XIIe siècle, la signification générale qu'il a pour nous[69].

Le pain du sacrifice qui donne la communion universelle n'a plus cours et Dumont ne connaît plus qu'une seule « réalité à la fois secrète et sacrée[70]. » Le mystère n'a pas disparu, il a changé de nature. Il s'est en effet montré très précis sur ce point : « le naturel n'est jamais que l'aspect visible de l'invisible, sa forme, son expression proprement dite ; il n'y a pas d'autre voie et c'est, pour ma part, tout l'art du cinéma[71]. » Cette conviction n'a pourtant rien de bien neuf. Elle est active dans la littérature artistique des XIXe et XXe siècles et innerve tous les spiritualismes d'une époque qui s'est sentie prisonnière de son positivisme. Ce qui n'empêchera pas Auguste Comte de réclamer une religion positive pour l'humanité et de soutenir que l'universalisme a changé de mesure

69 Henri de Lubac, *Corpus mysticum. L'Eucharistie et l'Église au Moyen Âge*, Paris, Éditions du Cerf, 2009, p. 19.
70 *Ibid.*, p. 50.
71 Bruno Dumont, *La vie de Jésus*, Dossier de presse, 1997.

et de signe : il appartient à la science universelle de remplacer des dieux trop nombreux et impuissants. La foi de Dumont dans une mystique du cinéma recoupe cette vocation de l'art dont parlait René Huyghe : « On croit volontiers que l'art a pour fonction de figurer le visible, du fait que c'est en celui-ci qu'il puise son langage. Peut-être, au contraire, sa fonction essentielle est-elle de figurer l'invisible, cet invisible dont, dès les origines, l'homme a eu le sentiment angoissant, en percevant des forces qui le dépassaient et dont il était le jouet ; il les a localisées d'abord dans une présence tangible : arbre, source, rocher, puis il les a incarnées en des figures surhumaines : les Dieux, mais faites à sa semblance, concevables, donc rassurantes. Ce n'est que tardivement et rarement qu'il s'est élevé à pressentir ce qui échappe à ses moyens de perception et d'imagination : l'inconnu, l'inconnaissable. Il y fallut la trouée de l'élan mystique[72]. »

La très grande généralité de ce topos artistique ne doit pas cacher les reprises particulières auxquelles il a donné lieu, pas plus qu'elle ne doit éteindre les différences esthétiques qui séparent des projets artistiques au demeurant fort éloignés les uns des autres. L'invisible qui a cours dans le théâtre de Maeterlinck[73] n'est évidemment pas celui qui hante les peintures suprématistes de Kasimir Malevitch ou les écrits théoriques de Vassily Kandinsky. Quant à Paul Klee qui décrivait les aspirations de l'art dans les termes d'un « romantisme de fusion dans le Grand Tout[74] », il prônait une élévation des œuvres à la hauteur d'un « cosmos plastique offrant de telles ressemblances avec la Grande Création qu'il ne faut plus qu'un souffle pour que l'essence de la religion s'actualise[75]. » Pourtant, là où Klee se donne pour tâche de rendre visible ce qui échappe à toute représentation, Dumont ne cherche jamais qu'à rendre sensible l'invisible. Du cinéma il attend qu'il rétablisse le monde en son mystère, tandis que sa révélation s'arrête sur le seuil d'un invisible. Jacques Aumont a nommé *visuel* une telle modalité de l'invisible, qui « s'accompagne d'un phénomène parfaitement visible, mais dont la visibilité n'appartient pas

72 René Huyghe, « L'art entre visible et invisible », in *Revue des Deux Mondes*, janvier 1987, p. 45.

73 Voir sur ce point Lydie Parisse, « Discours mystique, littérature et théâtre dans le dernier tiers du XIXe siècle. Formes et enjeux », Lydie Parisse (dir.), *Le discours mystique dans la littérature et les arts de la fin du XIXe siècle à nos jours*, *op. cit.*

74 Paul Klee, *Théorie de l'art moderne*, Paris, Éditions Denoël, 1985, p. 27.

75 *Ibid.*, p. 39-40.

au monde de la représentation[76]. » En effet, Dumont ne rend pas visible ce qui manque au visible, il lui ajoute une dimension surnuméraire dont la grandeur reste incalculable. Le mystère doit demeurer mystérieux, nous sommes simplement invités à ne pas méconnaître son existence ni à ignorer que notre vie en dépend. Non seulement le monde n'est pensable que depuis son mystère, mais sans cette réserve mystérieuse ce dernier demeure proprement inadmissible. L'idée n'est pas neuve, on la retrouve chez Pascal par exemple : « Certainement, rien ne nous heurte plus rudement que cette doctrine ; et cependant, sans ce mystère, le plus incompréhensible de tous, nous sommes incompréhensibles à nous-mêmes. Le nœud de notre condition prend ses replis et ses tours dans cet abîme ; de sorte que l'homme est plus inconcevable sans ce mystère que ce mystère n'est inconcevable à l'homme. » (*Pensées*, éd. Brunschvicg, nº 434.) Par ailleurs, il n'appartient pas à l'art comme on le dit trop souvent de le révéler mais, plus humblement, de le faire savoir. Il lui appartient en somme de faire savoir que le cinéma est l'instrument d'une vérité qui laisse intact le mystère qu'il manifeste. C'est à la fois très peu – le monde reste impensable – et déjà beaucoup – les choses peuvent être vues depuis l'« inaccessible » qui les rend possibles. Or cette position qui consiste à concilier la révélation et le mystère, à dévoiler le fait mystérieux sans le résoudre, est au fondement de toute théologie mystique.

Proche de saint Paul, Dumont s'est en effet convaincu qu'il ne filme les êtres et les choses que pour atteindre ce point d'invisibilité qui les rend visibles. Jacques Maritain, philosophe d'inspiration néothomiste, ami de jeunesse de Péguy, avant la séparation intellectuelle des années 1910[77], l'a rappelé : « la vie de l'âme n'est plus centrée sur le visible – sur les œuvres de la Loi – mais sur l'invisible, et sur l'invisible par excellence, le mystère de Dieu en nous[78]. » Écoutons Dumont maintenant : « Et quand je lis les mystiques, ils me disent la même chose : le mystique

76 Jacques Aumont, *Doublures du visible. Voir et ne pas voir en cinéma*, Villeneuve d'Ascq, Presses Universitaires du Septentrion, 2021, p. 176.

77 « À la date d'aujourd'hui prend fin le mandat spirituel que je vous avais donné pour me représenter auprès de Baillet. Quand un ambassadeur met une telle opiniâtreté à s'acquitter mal de son mandat, il ne reste plus qu'à lui retirer ses pouvoirs. » Lettre du 15 mai publiée dans les *Feuillets mensuels de l'amitié de Charles Péguy*, nº 177, 15 mai 1972, p. 22-23, cité par Michel Bressolette, « La foi qui sépare ou les épreuves de l'amitié entre Charles Péguy et Jacques Maritain », in *Cahiers de l'Association internationale des études françaises*, 1997, nº 49.

78 Jacques Maritain, *La pensée de saint Paul*, Paris, Corrêa, 1941, p. 115.

passe par le visible pour aller vers l'invisible et, le visible, ça peut être la pluie. Si la pluie peut nous toucher, c'est justement qu'elle est dans sa matière même quelque chose de consubstantiel à notre âme. La pluie ou un paysage parlent de l'invisible et l'âme le sait[79]. » Le réalisme de Dumont n'a de sens que rapporté à cette prémisse phénoménologique, elle-même inséparable d'une promesse spirituelle : pas plus que le paysage n'est borné par l'étendue de ce qu'il montre, le monde ne s'arrête à ce qu'il voit. Et c'est en cela que Dumont est mystique, en cela encore, qu'à son tour, le cinéma peut l'être. Sa mystique élémentaire n'a qu'une visée, faire voir que le monde procède d'une réalité mystérieuse donnée mystérieusement.

Son ambition, on le voit, est tout à la fois plus modeste – ses images sont sans supplément – et plus exigeante – ses films sont le lieu d'une vérité phénoménologique qui pose que le monde n'est monde que depuis les interstices qui font signe vers un *Horla* spirituel[80]. On en retrouvera le sens dans les cadrages qui organisent la scénographie de la cathédrale d'Amiens (*Jeanne*, 2019) : dirigés vers les vitraux du transept sud, ils témoignent tous de cette tension vers un dehors chargé d'une présence divine. Les vitraux ne sont pas des images comme les autres. Leurs couleurs et leurs figures ne sont pas celles des tableaux et retables qui ornent les murs des chapelles, ce sont des médiums singuliers auxquels est prêté le pouvoir d'exprimer la réalité spirituelle d'un dehors divin. Sans la lumière traversante qui pénètre l'intérieur de la cathédrale, l'image n'est rien. Sans les figures qui composent un moment de leur dramatique, la lumière demeure inactive. En bon cinéaste médiéval, Dumont s'abstiendra de toute autre résolution plastique, limitant la vocation réaliste de son cinéma à cette surexposition mystérieuse d'un monde saisi dans son épaisseur figurative. Si n'était le refus de toute théologie mystique chez Karl Barth, on pourrait reprendre ce que le théologien protestant dit du mystère pour éclairer la mystique de Dumont : « *Mysterium* ne signifie pas simplement le fait que Dieu soit caché, mais plutôt sa manifestation d'une manière cachée, c'est-à-dire non apparente et qui renseigne non directement mais indirectement.

---

79 Bruno Dumont, « Complexifier la mystique par la mécanique », in *Entretien avec Bruno Dumont*, par André Habib, Gerard Grugeau, Philippe Gajan, Serge Abiaad, 5 juin 2010, Revue *Hors Champ*, septembre-octobre 2019.

80 Jean-Clet Martin, *Ossuaires, Anatomie du Moyen Âge roman*, Paris, Éditions Payot, 1995.

Mysterium est le voilement de Dieu dans lequel il nous rencontre en se dévoilant à nous : parce qu'il ne veut pas et ne peut pas se dévoiler autrement qu'en se voilant[81]. » On pourrait également évoquer un tel mystère en revenant au vocabulaire que Lucien Lévy-Bruhl consacre à l'étude des sociétés primitives, concédant son emploi « faute d'un meilleur, non par allusion au mysticisme dans nos sociétés, mais dans le sens étroitement défini où “mystique” se dit de la croyance à des forces, des influences, à des actions imperceptibles aux sens et cependant réelles[82]. » Ce n'est pas seulement leur disposition mentale qui doit être dite mystique, mais « la réalité elle-même où se meuvent les primitifs[83] » qui mérite de l'être. Un tel écart sémantique nous invite à comprendre que le flottement lexical ne signe pas seulement la déthéologisation de la mystique, il contient en outre une restauration épistémologique à laquelle l'art a contribué.

Comment le cinéma parvient-il à témoigner de cet état mystérieux du monde ? Sur ce point Dumont s'est fait plus précis avec son *Enfance de Jeanne* : « La mystique c'est de faire coïncider tout un circuit de réseaux, c'est une hyper-connexion. Le film se connecte lui-même à la nature, aux visages, à la petite, aux moutons, au ciel, à la musique, aux chants, [...] ce qui est passionnant au cinéma, c'est faire des plans qui sont distincts mais en même temps qui ramassent quelque chose qui était en train de naître, et on fait naître un noyau qu'on voit germiner. » Position de cinéaste autant que de philosophe, qui contient à peu de choses près les conclusions du *Tractatus logico-philosophicus* de Ludwig Wittgenstein : « Ce n'est pas *comment* est le monde, qui est le Mystique, mais qu'il soit (6.44). » Et plus loin, « il y a assurément de l'indicible. Il se montre, c'est le Mystique (6.522)[84]. » Mais là où Wittgenstein finissait *in extremis* par réintroduire Dieu dans sa mystique – « De quoi que nous dépendions, écrit-il dans ses *Carnets*, nous sommes en tout cas, en un certain sens, dépendants, et ce dont nous dépendons, nous pouvons l'appeler

81 Karl Barth, *Dogmatique*, Genève, Labor et Fides, 1953, cité par Martin Henry, *Mysticisme et christianisme*, Institut protestant de théologie, « Études théologiques et religieuses », 2005, 2, tome 80, p. 256.

82 Lucien Lévy-Bruhl, *Les fonctions mentales dans les sociétés inférieures*, Paris, Éditions Alcan, 1910, p. 30.

83 *Ibid.*

84 Ludwig Wittgenstein, *Tractatus logico-philosophicus*, trad. Gilles-Gaston Granger, Paris, Éditions Gallimard, 1993, p. 111-112.

Dieu[85] » – Dumont s'y refuse, modifiant ce sentiment de dépendance par un sentiment d'appartenance au monde investi d'un pouvoir de résolution morale. Nonobstant le nom de Dieu, tout est affaire de tissus et de liens, de liaisons universelles entre les êtres et les choses, qu'elles se disent *connexion* chez Wittgenstein[86] ou *hyper-connexion* chez Dumont. Tel est le monde selon Dumont. Il suffit pour le vérifier de revenir à ses paysages. Ce qui fait la singularité des paysages dumontiens, qu'ils soient du Nord, de Flandres, de Provence, de Californie ou du Moyen-Orient, c'est qu'ils se composent depuis cette faculté d'innervation qui attache les hommes au monde. De tels paysages ne sont jamais devant nous, et ce que nous prenons pour une forme du monde n'est jamais que la part que nous parvenons à nommer et à détacher, un accident phénoméno-logique qui a l'art pour raison d'être. Là où le christianisme a organisé et ritualisé les formes de l'expérience sacramentelle et extatique de l'union mystique, Dumont a patiemment exploré les modalités d'une mystique élémentaire qui jette les hommes contre terre ou les force à regarder le ciel. Qui ne se souvient de Pharaon de Winter au début de *L'humanité*, couché à même la terre, le visage contre le sol (Fig. 2), soumis à l'épreuve d'une irrésistible pesanteur, avant de trouver la force de léviter au-dessus de son potager ?

FIG. 2 – Bruno Dumont, *L'humanité*, 1999.

85 Ludwig Wittgenstein, *Carnets 1914-1916*, 8.7.16, trad. Gilles-Gaston Granger, Paris, Éditions Gallimard, coll. Tel, 1997.

86 « 2.01 – L'état des choses est une connexion d'objets (entités, choses). » Ludwig Wittgenstein, *Tractatus logico-philosophicus*, *op. cit.*, p. 34.

L'image a pu surprendre, elle n'en demeure pas moins fermement tenue par une pratique dévotionnelle et une iconographie religieuse qui tient la prostration face contre terre et les bras en croix comme l'une des manières de prier. Les milieux monastiques du Moyen Âge ont commencé très tôt un travail de formalisation de la prière qui relève autant d'une technique du corps que d'une discipline de l'âme. On en trouve les prémisses dans le christianisme primitif, à l'instar de ce texte rédigé à la fin du IIe siècle par Tertullien, *De Oratione*, dans lequel il consigne autour d'une exégèse du *Notre Père* les gestes qui conviennent à la prière, distinguant ce qui ce qui est permis de ce qui doit être proscrit. Ainsi exhorte-t-il d'élever les « mains [...] en croix comme notre Seigneur dans sa passion, et par cette attitude suppliante, nous confessons le Christ », mais il interdit de « s'asseoir en présence du Dieu vivant, lorsque l'ange de la prière est encore debout, à moins de vouloir reprocher à Dieu que la prière nous fatigue[87]. » Jean-Claude Schmitt[88] a donné une ferme synthèse de cette longue méditation sur la prière chrétienne, tant individuelle que collective et liturgique, qui court de saint Augustin à saint Dominique. L'évêque d'Hippone a laissé sur la question un texte essentiel pour comprendre la relation engagée entre l'âme et le corps pendant la prière :

> En effet, ceux qui prient font avec les membres de leurs corps des gestes en harmonie avec la supplication ; ils ploient les genoux, ils étendent les mains, ils se prosternent sur le sol, et d'autres mouvements visibles semblables, quoique leur volonté invisible et l'intention cachée au fond de leur cœur soient connues de Dieu, et qu'il n'ait pas besoin de ces signes pour lire dans l'âme humaine comme dans un livre ouvert. Cependant c'est ainsi que l'homme s'excite à prier et à gémir avec plus d'humilité et de ferveur. Et, je ne sais comment cela se fait, mais, quoique ces mouvements du corps ne puissent avoir lieu sans qu'un mouvement de l'âme les ait précédés, il n'en arrive pas moins que ces signes visibles eux-mêmes rendent à leur tour plus puissant le mouvement intérieur qui les a causés[89].

87 Franz Oehler (éd.), Q.S.F. Tertulliani, « De Oratione », in *Quae supersunt omnia*, vol. 1, trad. par E.-A. de Genoude, Leipzig, 1851-1854 [En ligne].

88 Jean-Claude Schmitt, *La raison des gestes dans l'Occident médiéval*, Paris, Éditions Gallimard, 1990.

89 Saint Augustin, « Des devoirs à rendre aux morts. Chapitre V : En quelle mesure le lieu de la sépulture est utile aux morts », in *Œuvres philosophiques complètes II*, traduction sous la direction de Jean-Joseph-François Poujoulat & Jean-Baptiste Raulx, Paris, Les Belles Lettres, 2018, p. 473.

C'est pourtant avec le tournant dominicain du XIIIe siècle que l'on voit se dessiner un effort général pour penser les différentes manières de prier qui se présentent aux clercs et aux laïcs. On en trouvera un exemple significatif dans un manuscrit rédigé au XIVe siècle, le *Codex Rossianus 3* (Fig. 3 et 4), aujourd'hui conservé à la bibliothèque vaticane, qui consigne les neuf manières de prier que saint Dominique[90] avait recensées : la prière en inclination (le corps penché vers l'avant), la prière en prostration (allongé face contre terre), la prière du sang (accompagnée de flagellations), la prière des regards (les yeux levés vers Dieu), la prière des mains (jointes ou élevées), la prière de violence (les bras en croix), la prière d'imploration (les mains unies et élevées), la prière d'intimité (assis et méditant devant le Livre), la prière de voyage (en marchant).

FIG. 3 – Saint Dominique, *Prière de violence*,
Codex Rossianus 3, Bibliothèque Vaticane, fin du XIVe.

90 Dominique Nuñez de Guzman est né vers 1170 en Espagne (Caleruega) et mort le 6 août 1221 en Italie (Bologne). Il est le fondateur de l'ordre des Frères prêcheurs (*Ordo Fratrum Prædicatorum*).

FIG. 4 – Saint Dominique, *Prière de prosternation*,
Codex Rossianus 3, Bibliothèque Vaticane, fin du XIVe.

Chacune d'entre elles restitue une option spirituelle relative à une situation liturgique ou à des circonstances particulières, l'ensemble composant un modèle destiné à l'enseignement des novices « en associant des attitudes et gestes précis à des états d'âme et à des vertus[91]. » L'originalité de ce manuscrit à visée pédagogique tient à la relation qui lie des images illustrant les prières, des citations bibliques instruisant les références et des commentaires qui en éclairent le sens. Tout vise à rappeler la nécessaire humiliation devant l'autel – « Dominique s'humiliait / *humiliando se* » – et à forcer l'inclination de la tête et des reins devant le Christ. Comme le rappelle Catherine Aubin, « c'est la personne du Christ symbolisé par l'autel qui commande le geste de l'humiliation. Il n'y aurait pas cette humiliation corporelle sans le Christ. L'une des spécificités fondamentales de la prière chrétienne affirmée dans la plus antique tradition repose sur cette certitude : celle-ci part du Christ pour aboutir au Christ et ne se conçoit pas en dehors de lui ; le Christ est le milieu vivant où se

91 Sophie Dutheillet de Lamothe, « Le corps vertueux. Théorie et pratique de la prière dans l'instruction des novices dominicains (XIIIe-XVe siècles) », e-Spania [En ligne], 22, octobre 2015.

développe la prière[92]. » Le geste de prostration est ancien, on le retrouve dans la règle fixée par saint Benoît de Nursie (480-547) pour gouverner la vie monastique. Geste de pénitence – « Ch. 44. Comment les excommuniés font satisfaction » – ou d'hospitalité – « Ch. 53. La réception des hôtes » – il conserve le souvenir de la tristesse de Jésus après la Cène, lorsqu'il se « prosterna le visage contre terre, priant et disant : Mon Père, s'il est possible, faites que ce calice s'éloigne de moi ; néanmoins que ma volonté ne s'accomplisse pas, mais la vôtre. » (Mt, 26, 39.)

On doit pourtant à Humbert de Romans (vers 1200-1277), entré à Lyon chez les dominicains au début des années 1220, une lecture critique du recueil dominicain et un livre écrit au mitan du XIIIe siècle, *Opera de vita regulari*. Le nouveau Maître de l'ordre des Prêcheurs reprend et réorganise la classification de saint Dominique, retient trois classes principales, les inclinations, les génuflexions et les prostrations, avant de hiérarchiser leurs mérites. Alors que dans son *De Oratione et partibus eius* Pierre le Chantre (vers 1120-1197) considérait comme « meilleure » et plus « sincère » la prière qui place « la bouche, la poitrine, le ventre, les bras, les genoux, les cuisses et les orteils » au contact de la terre, Humbert de Romans condamne la prière en prostration, jugée inappropriée, incommode et indécente : on se gardera donc des « prostrations avec les bras étendus en croix, la bouche contre terre[93] », car « elles manquent de décence, et alourdissent parfois confusément le corps à cause de la froideur de la terre[94]. » Si Géraud de Frachet, auteur d'une histoire de l'ordre mendiant commencée vers 1250, *Vitae Fratrum Ordinis Praedicatorum*, la mentionne encore, « l'exclusion décrétée à la tête de l'Ordre de la position de prostration les bras en croix semble [néanmoins] avoir gagné les images produites en son sein dès le milieu du XIVe siècle[95]. » Progressivement abandonné, ce geste de prière n'a

92 Catherine Aubin, « Les fondements anthropologiques de la prière corporelle de saint Dominique, in *Angelicum*, 2004, vol. 81, n°. 2, *Dominican Spirituality, Pontificia Studiorum Universitas a Sancto Thomas Aquinate in Urbe.*

93 Pierre Le Chantre, *De Oratione et partibus eius*, cité par Jean-Claude Schmitt, *La raison des gestes dans l'Occident médiéval*, *op. cit.*, p. 306.

94 « *Prostrationes cum extensione brachiorum in modum crucis, et cum osculo terrae : quia non sunt decentes, et quia etiam indiscrete gravant corpus interdum ex terrae frigiditate.* » B. Humbertis de Romanis, « LIV. De Prostrationibus », *Opera de vita regulari*, vol. II, Joachim Joseph Berthier (éd.), Rome, A. Befani, 1889, p. 167.

95 Sophie Dutheillet de Lamothe, « Le corps vertueux. Théorie et pratique de la prière dans l'instruction des novices dominicains (XIIIe-XVe siècles) », *op. cit.*

pourtant pas complètement disparu. Il sert aujourd'hui l'ordination des prêtres et a conservé le sens d'une disponibilité totale à Dieu.

Mais revenons à Pharaon que l'on a laissé étendu sur la terre d'un champ récemment labouré. Sa chute est brutale, inattendue, et cependant conséquente, parfaitement explicable : la terre retournée est irrégulière, elle rend la marche incertaine et l'accident possible. L'évidence de ce mouvement fortuit n'en demeure pas moins contrariée par le temps long des trois plans suivants. Pharaon ne se relève pas, il reste allongé, immobile, filmé comme un gisant couché sur le ventre, la tête tournée sur le côté, l'œil rond, grand ouvert, presque mort. Que dire de celui qui choisit de demeurer silencieux et engourdi dans les premières heures du jour sinon qu'il y trouve la position qui convient à son état intérieur ? En refusant de se relever Pharaon modifie le sens de la chute. L'accident se fait moins certain, tandis que se fait jour un mouvement de l'âme qui le contraint à arrêter brusquement sa course à travers champ. Pharaon ne chute pas, il plonge. Il ne trébuche pas, il se jette à terre. Comme le chevalier Olivier de Vienne, le héros de *La Chanson de Roland* qui, avant de prier une dernière fois les mains jointes face au ciel, descend de cheval et s'étend à terre « dans la position de la grande prostration, *cum omni humilitate prostratus omni corpore in terra*, comme dit la *Regula canonicorum* de saint Chrodegang approuvée par le Concile d'Aix de 816[96] », Pharaon s'impose cette respiration, cette courte mais intense *prostratio venia* qui mêle l'abandon, le pardon et la grâce, bref moment qui précède la découverte du cadavre de la jeune fille. Comme l'a fort bien résumé Jean-Claude Schmitt, la prière médiévale est inséparablement une expression scolastique et une manifestation mystique, « un *gestus* modéré, objet de réflexion et de pédagogie, et une "sainte gesticulation", les *gesta* qui s'apparentent à la possession (sainte ou démoniaque) et culminent dans la vie mystique[97]. » L'humus que respire bruyamment Pharaon appelle tout à la fois son abaissement (*humiliatio*) et sa disponibilité (*humilitas*) : la terre prépare au ciel, comme l'humilité prépare la charité. Le précepte par excellence [de l'Église chrétienne] écrit saint Augustin, « c'est l'humilité, principe et sauvegarde de la charité. C'est de la charité que l'Apôtre dit : "Elle ne jalouse pas" ; et comme

96 Roques Mario, « L'attitude du héros mourant dans la Chanson de Roland », in *Romania*, tome 66, n° 263, 1940, p. 357.

97 Jean-Claude Schmitt, *La raison des gestes dans l'Occident médiéval*, *op. cit.*, p. 311.

s'il voulait en donner la raison, il ajoute aussitôt : "Elle ne s'enfle pas" ; c'est-à-dire, elle repousse l'envie parce que l'orgueil lui est en horreur. La première chose que fit Jésus-Christ, le grand docteur de l'humilité, fut "de s'anéantir lui-même en prenant la forme d'esclave, en se faisant semblable à l'homme et en prenant l'extérieur de l'homme" ; il s'est humilié lui-même en se faisant obéissant jusqu'à la mort, et à la mort de la croix[98]. »

La lévitation qui, quelques séquences plus loin, le soulèvera de terre, n'est donc pas un phénomène isolé, une hapax figuratif, un événement inexplicable, elle s'impose tout autrement comme la réponse précise et justifiée qui convient à un premier geste d'humiliation. Elle confirme la logique d'une gestuelle dévotionnelle reprise au langage chrétien et atteste d'un scénario mystique. La mystique de Dumont c'est cela, un vaste travail d'innervation poétique, pendant artistique de la grande connectique divine, une foi irréfragable dans les vertus figuratives du geste que le cinéma partage avec une civilisation médiévale qui en fit son emblème culturel. « La civilisation médiévale est une civilisation du geste[99] », disait Jacques Le Goff. Contrats, serments, sacrements reposent sur une même autorité symbolique du geste, aucun domaine de la vie sociale n'y est indifférent. Le cinéma, né dans une civilisation de l'écrit, en a retrouvé la puissance expressive, il en a relancé la pensée figurative en même temps qu'il en a libéré les propriétés symboliques.

Conservons donc pour l'instant l'idée que le réel est « un grand corps mystique » et que son cinéma en dépend. Conservons ensuite que cette manière de formuler sa dépendance *per mysterium* au monde est conforme par l'esprit à la doctrine sur le *corpus mysticum* : « l'Église, corps du Christ, est un mystère, et [...] le mystère est ce qui, même une fois désigné, signifié, "révélé", demeure toujours obscur, caché, "mystique[100]". » On donnera une première indication de cette conviction partagée en revenant aux exhortations de saint Paul qui en a défendu le principe dans sa deuxième épître aux Corinthiens (2 Co, 4, 18) : « Ainsi nous ne considérerons point les choses visibles, mais les invisibles, parce que les choses visibles sont temporelles, mais les invisibles sont éternelles. »

---

98 Saint Augustin, « De la sainte Virginité. Chapitre XXXI : L'humilité nécessaire aux Vierges », in *Œuvres philosophiques complètes II*, *op. cit.*, p. 235.

99 Jacques Le Goff, *La civilisation de l'Occident médiéval*, Paris, Éditions Flammarion, 2008, p. 329.

100 Henri de Lubac, *Corpus mysticum. L'Eucharistie et l'Église au Moyen Âge*, *op. cit.*, p. 283.

L'invisibilité paulinienne repose sur une distinction originale qui place l'élément discriminant dans le temps et non dans l'espace ou dans l'étendue. Il ne s'agit plus de dire que ce qui se voit pourrait être rendu visible dans le maintenant d'une révélation, mais de soutenir que le visible est dans le temps tandis que l'invisible est hors du temps. La lettre apostolique ne vise en définitive qu'une chose, rendre possible la communication entre « la maison faite de main d'homme, qui ne durera pas éternellement » et « la maison céleste » qui abrite la gloire de Dieu (2 Co, 5, 1-2). Entre le monde visible et l'invisibilité de Dieu, il existe un lien de coappartenance qui doit être accueilli afin de ne jamais douter. Telle est la leçon de saint Paul : son monde est un monde visible qui ne peut être pensé sans son ourlet d'invisibilité. Dumont, lui, vit et pense sans Dieu. Toutefois ses fictions sont inséparables de cette croyance qui veut que le monde, dans ce qu'il a d'ordinaire, est invisiblement habité par une disposition au sacré qu'il appartient au cinéma d'approcher et de révérer. Dumont en est convaincu : « il y a invisiblement le sacré qui se terre. » Sa liberté poétique naît sur cette part résistante au réel, dont on retrouvera un témoignage essentiel dans *Jeannette, l'enfance de Jeanne d'Arc.* Adapté du théâtre de Charles Péguy, le film reprend le mystère chrétien dans les formes modernisées de la comédie musicale, sans jamais abandonner les attaches réalistes qui faisaient dire à Bazin que ce n'est pas le studio qui introduit le théâtre au cinéma, c'est la mise en scène qui s'y refuse ou pas. L'excès de style ne ruine pas le réalisme des *Dames du bois de Boulogne*, parce qu'il suffit que « le bruit insignifiant d'un essuie-glace, le murmure d'une cascade ou le chuintement de la terre qui s'échappe d'une potiche brisée » se fasse remarquer pour que le réel se dote d'un indice de vérité irréfutable. Nous avons retenu la leçon de Bazin, le néoréalisme ne naît pas de la charge sociale de ses scénarios, mais d'un geste de mise en scène qui dénude l'intrigue de ses artifices. La chose vaut aussi pour Dumont. On pourrait croire l'épure cinématographique de *Jeanne d'Arc* éloignée de son réalisme flamand, délestée de son milieu social, elle en a pourtant conservé le foyer mystique qui touche aux expressions surnaturelles du réel filmé. La résurrection de Freddy, la lévitation de Pharaon, les crises de Barbe qui rappellent l'épilepsie de Freddy ne sont pas des bizarreries d'auteur, elles disent plus sûrement le lieu où se recourbent les films, découvrant ainsi leur véritable projet esthétique. Les formes changent mais la mystique demeure, tandis que Dumont, en lecteur inspiré de Péguy, s'avance comme l'un de ses meilleurs interprètes.

Y a-t-il un tournant mystique dans l'œuvre de Bruno Dumont ? Telle pourrait être la question sincère d'un ou d'une spectatrice comptant les films qui se sont souciés de Dieu. S'il est vrai que parler de mystique invite habituellement à évoquer le champ de la religion et de la théologie, alors oui *Hadewijch* est le premier film qui prend le parti explicite d'une inspiration chrétienne. Écrit à partir des *Visions* et des *Poèmes strophiques* de la béguine flamande, le film est fidèle à toute une tradition littéraire dont il renouvelle les *topoï* mystiques. La prière, la préparation spirituelle, le jeûne, la quête angoissée de l'amour de Dieu sont autant de figures que Dumont renouvelle tout en les livrant à une interprétation politique qui conduit la jeune Céline au terrorisme. Le film n'est pas resté sans suite, puisque quelque dix ans plus tard *Jeannette, l'enfance de Jeanne d'Arc* et *Jeanne* empruntaient à Charles Péguy deux de ses pièces de théâtre, *À Domrémy*, première pièce en trois actes qui ouvre *Jeanne d'Arc* (1897) et *Le Mystère de la charité de Jeanne d'Arc* (1910), premier volet de sa trilogie sur les mystères chrétiens. Les deux films confirmaient le déplacement du centre de gravité de la mystique vers l'engagement politique. Pour autant, de Céline Vel Hadewijch, impatiente et révoltée, à sa lointaine sœur de combat, la jeune paysanne de Domrémy dont la foi s'accomplit dans la geste héroïque d'une action militaire conduite contre les Anglais, Dumont a renversé le lien qui unit la mystique à la politique. Là où Céline fait de son amour mystique l'instrument occasionnel d'une cause politique qu'elle ne comprend pas, Jeanne d'Arc fait de l'action politique la finalité heureuse de son irrésistible charité. Ces trois films peuvent donc être lus depuis leurs références explicites, Hadewijch d'Anvers la mystique brabançonne pour le premier et Charles Péguy pour les deux autres. Pourtant il me semble tout aussi nécessaire de bien voir que l'idée d'une mystique dumontienne peut être repérée très tôt, dès son premier film, *La vie de Jésus*, et qu'elle n'a jamais cessé d'être relancée et retravaillée sans que ne soit jamais perdu le sens de son impulsion originaire. Trois convictions traversent l'œuvre de Bruno Dumont. La première concède l'existence d'un « mal universel » qui laisse l'humanité sans morale efficace. La seconde repose sur l'idée que la mystique est un horizon possible de l'art, là où l'expérience esthétique est souvent décrite comme sa seule finalité. La troisième, enfin, suppose une fonction politique de l'art qui n'emprunte pas la voie toute tracée des luttes sociales ou des conflits idéologiques. Il s'en est ouvert lors d'un entretien donné à Montréal en 2010 : « Je pense que mon cinéma est de plus en plus orienté vers une mystique, mais une mystique cinématographique, qui a toujours affaire à la même chose, c'est-à-dire au mal, aux instincts, à la réalité du monde, mais dont la seule issue en fin de compte est la mise en scène[101]. » Dumont prend part aux affaires du monde, mais il délaisse l'orthodoxie de l'engagement politique pour lui préférer une voie plus singulière, plus risquée aussi, qui le rapproche du Charles Péguy terminant sa première *Jeanne d'Arc*, coincée entre un article pour la *Revue socialiste*, *Une économie socialiste : M. Léon Walras*, et un manifeste, *De la cité socialiste*, tous deux parus entre février et août 1897. L'exergue de la première pièce, *À Domrémy*, constitue à bien des égards la formule fraternelle de ces deux mystiques : « À toutes celles et à tous ceux qui auront vécu – à toutes celles et à tous ceux qui sont morts – pour tâcher de porter un remède au mal universel[102]. » Sans égard véritable pour le message chrétien qu'il reconnaîtra plus tard, Péguy cherchait une réponse à l'injustice sociale dans la révolution socialiste. Dumont fait l'inverse, il écarte les formes communes de la politique et demande à la mystique chrétienne de répondre d'un *delinquere*[103] originel dont les expressions sociales ne sont jamais que les formes les plus superficielles d'un mal plus profond. La foi combattante de la jeune Jeanne d'Arc attendra, seule compte l'exception salvifique de l'amour qui a conservé de l'héritage paulinien la mémoire de son militantisme : « Acquittons-nous de cet amour ; et d'autant plus que nous savons que le temps presse, et que l'heure est déjà venue de nous réveiller de notre assoupissement, puisque nous sommes plus proches de notre salut que lorsque nous avons reçu la foi. » (Rom, 13, 11.)

L'inspiration dumontienne n'en demeure pas moins paradoxale : privée de Dieu et d'Église, sa mystique n'a-t-elle pas le visage de l'imposture,

---

101 Bruno Dumont, Revue *Hors-champ*, 2019.

102 Charles Péguy, « Jeanne d'Arc » in *Œuvres poétiques et dramatiques*, Paris, Gallimard, coll. La Pléiade, 1957, p. 27.

103 Le mot est repris à Roberto Esposito qui y voit le lieu d'un manque, d'un défaut qui grève l'idée même de communauté. Le *delinquere* indique que « nous manquons de ce qui nous constitue comme communauté. » Roberto Esposito, *Communauté, immunité, biopolitique. Repenser les termes de la politique*, trad. Bernard Chamayou, Paris, Éditions Les Prairies ordinaires, 2010, p. 29.

voire celle de l'hérésie ? Même hors de l'Église, Péguy avait au moins pour lui de croire en Dieu. Mariel Mazzocco a ressaisi l'inflation moderne qui pèse sur le mot mystique : « Ne court-on pas le risque d'aboutir à une sorte de "mystique sauvage" et de perdre le sens profond du mot "mystique" ? La question est de savoir s'il est légitime d'attribuer le terme "mystique" à une expérience athéologique[104]. » Une telle question vaut évidemment pour un cinéaste qui a longtemps fréquenté la philosophie. Habitué de la littérature savante et capable d'en répondre, Dumont n'a par ailleurs jamais manqué de se faire l'exégète de ses propres films. Il suffit de parcourir les nombreux entretiens qu'il a donnés pour vérifier que la mystique y est tout à la fois saisie comme le nom d'un défi métaphysique – le monde y est appréhendé comme un mystère qui déborde les contingences historiques des sociétés humaines – et comme l'éthique d'un cinéaste engagé dans son époque. Précisons un point de méthode. Je ne cherche pas dans ses déclarations la preuve d'une esthétique – elles ne visent pas à confirmer des analyses de films ou à refermer une œuvre sur un projet d'auteur – j'essaie tout autrement de reconstituer la forme d'un problème qui s'est imposé comme le fil traversant d'une œuvre cinématographique et, à ce titre, je m'efforce de réunir les pièces d'un dossier qui compte à égalité des films et des documents de travail. Je ne m'inquiéterai donc pas de savoir s'il a lu saint Thomas d'Aquin et Bergson et s'il s'en est servi – même si cela ne semble faire aucun doute – je m'efforcerai en revanche de rétablir les données d'un problème de la pensée qui justifie que l'on puisse parler de mystique pour qualifier l'esthétique de son cinéma. Ses entretiens ne sont dotés d'aucun privilège particulier. Ils énoncent ce qu'il sait, non ce que je cherche, qui dépend des données d'un problème qu'il m'appartient de restaurer.

Je me ferai sans doute mieux comprendre en repassant par un article que Pierre Hadot a consacré à la patristique latine dans lequel il revenait sur une distinction qu'Augustin avait pris soin de souligner alors qu'il s'occupait d'herméneutique biblique. Devant un texte présentant des difficultés d'interprétation, Augustin recommandait de se détourner de toute recherche d'une quelconque « *voluntas auctoris*[105] » pour lui préférer

---

104 Mariel Mazzocco, « "Mystique" : histoire et métamorphose d'un mot (XVIIe-XXe siècles) », in M. Mazzocco, F. Trémolières, G. Waterlot (dir.), *L'Université face à la mystique : un siècle de controverses ?*, Rennes, P.U.R, 2018, p. 19.

105 Pierre Hadot, « Patristique latine », in *École pratique des hautes études, Section des sciences religieuses, Annuaire 1970-1971*, tome 78, 1969, p. 278.

une « *veritas* » jugée indépendante des intentions de son auteur. « La tâche de l'exégète, nous dit Pierre Hadot, n'est donc pas de savoir quel a été le sens voulu par Moïse, mais de savoir si l'on peut découvrir une vérité dans ce qu'il dit. » Ce qui intéresse Augustin en somme, ce sont « les problèmes de vérité[106] » que pose la Genèse et non les décisions qui guident l'écriture de Moïse. Là où la vérité dépend d'une intelligence immédiatement perçue, la volonté, elle, relève d'hypothèses et de techniques d'interprétation. Sa dépendance historique la rend incertaine. Qui veut la vérité doit se tourner vers Dieu, lequel est seul à pouvoir la donner dans une illumination. On laissera toutefois de côté la question de l'action divine qui est le véritable couteau de la valeur augustinien, mais on conservera d'Augustin l'idée que la vérité n'est possible qu'à juger du problème à partir duquel elle s'énonce. Si les personnages dumontiens concèdent tous une dette mystique, le réalisme de Dumont y a trouvé un héritage qui juge du monde comme d'un corps unitif auquel chaque chose, chaque être est lié et vers lequel il faut tendre. Les accords ne manquent pas entre la visée unitive du cinéaste qui le pousse à penser le réel comme une totalité indivisible et les vœux de la théologie chrétienne qui cherche les moyens de penser une communion sacramentelle – l'eucharistie – et une communauté symbolique – l'Église. Pourtant, l'identité des formules ne doit pas tromper. On ne va pas du corps mystique de Dumont à celui de l'Église par la seule voie de l'analogie ou de la métaphore. Leur rapprochement n'est possible qu'à juger du problème de la pensée qu'elles peuvent ou non partager, problème qui a ses coordonnées théologiques, philosophiques et esthétiques, dont il reste à préciser les valeurs et les accidents. « Corps mystique » peut donc s'entendre de deux manières chez Dumont. Une première fois comme la métaphore qui confirme une affinité poétique, une fréquentation littéraire, voire un penchant spirituel. Elle ne serait ainsi rien de plus qu'une manière personnelle, déliée de toute obligation théologique, une sympathie de cinéaste qui laisse filtrer un peu de sa lumière intérieure. La métaphore se présente ainsi comme le refuge idéal d'un auteur qui souhaite dire et ne pas dire, s'exposer et ne rien dévoiler, ouvrant au passage un espace d'interprétation à peu près illimité. Rien n'interdit au critique ou à l'analyste d'y introduire ce fonds de théologie auquel nous nous préparons, mais tout y est réduit à une navigation aveugle

106 *Ibid.*

entre deux rives, l'une qui longe l'inconscient de l'auteur, l'autre qui épouse les contours possibles d'une science de Dieu. Le va-et-vient de l'interprétation n'est pas illégitime, mais il a l'inconvénient de réduire son mouvement à une seule et même demande de signification qui édifie l'œuvre et sanctifie l'auteur.

Il existe toutefois, on l'a vu, une autre manière d'entendre le syntagme « corps mystique », qui consiste d'une part à vérifier si quelque chose s'est conservé d'une réalité théologique qui a structuré la liturgie et la théologie chrétiennes au cours de leur longue histoire et, d'autre part, à préciser les conséquences esthétiques de cette révision du vocabulaire patristique. Voilà qui demande que nous nous intéressions aux survivances esthétiques d'un problème de théologie dont l'histoire n'est pas limitée aux évolutions de la doctrine chrétienne. Le propos qui va suivre n'essaie pas de rétablir une intention d'auteur, il n'est d'ailleurs pas certain que les commentaires *ex post* que nous donne Dumont coïncident avec sa position *ex ante* sur le film. Il s'agit plutôt de comprendre la manière dont ils s'insèrent dans le fil historique d'une pensée mystique qui a ses doctrines, ses expressions littéraires et ses figures politiques. On peut toujours attendre d'un film ou d'un cinéaste qu'il nous parle de son époque, des savoirs et des débats qui s'y logent, mais on peut aussi leur demander de nous renseigner sur les problèmes de la pensée qu'ils réactivent, sur la part résistante ou survivante qu'ils mobilisent. Telle est la perspective épistémocritique suivie dans cet essai.

CORPUS MYSTICUM

> Il faut restituer l'expérience spirituelle dans sa dimension artistique, voilà ce que je crois. [...] Pour moi le cinéma c'est exactement ça, c'est mystique.
> Bruno DUMONT

DE L'EUCHARISTIE À L'ÉGLISE

Ce qui frappe lorsque l'on parcourt les entretiens que Dumont a accordés, c'est que le syntagme « corps mystique » est tantôt employé pour décrire ses personnages – c'est le corps souffrant de Pharaon investi d'un mystère, premier, inédit, par lequel tout commence – tantôt utilisé pour désigner le monde lui-même – le mot mystère, proche de son inspiration plotinienne, est alors proposé pour penser la communion des êtres et des choses avec tout selon un principe de sympathie universelle.

> Ni le Soleil, ni aucun astre en général n'entend les vœux qu'on lui adresse. S'il les exauce, c'est par la sympathie que chaque partie de l'univers a pour les autres, comme, si l'on touche une partie d'une corde tendue, on ébranle toutes les autres, ou bien encore comme, si l'on fait vibrer une des cordes d'une lyre, toutes les autres vibrent à l'unisson, parce qu'elles appartiennent toutes à un même système d'harmonie. Si la sympathie va jusqu'à faire répondre une lyre aux accords d'une autre, à plus forte raison doit-elle être la loi de l'univers, où règne une seule harmonie, quoique son ensemble comprenne des contraires, aussi bien que des parties semblables et analogues[1].

---

1 Plotin, *Les Ennéades IV*, Livre IV, « Questions sur l'âme », trad. N.M. Brouillet, Paris, Hachette, 1859, p. 399.

Le monde selon Dumont prend la forme unitive d'un immense corps contenant et innervant toute chose. Pourtant, loin de se contredire, ces deux occurrences sont incluses dans une longue tradition théologique[2] qui a d'abord pensé l'adjectif « mystique » pour désigner le corps sacramentel de Jésus-Christ – *corpus mysticum*[3] – avant d'en transférer le mystère et le sens au corps universel de l'Église comprise comme *corpus Ecclesiae mysticum*.

> *Et haec est una de regulis supra in principio Psalterii positis, quod ea quae pertinent ad membra, dicit Christus de se, propter hoc, quod sunt sicut unum corpus mysticum Christus et Ecclesia.*
>
> « Et c'est là une des règles posées plus haut au début du psautier : les choses qui concernent les membres, le Christ les dit de lui-même, pour cette raison que le Christ et l'Église forment comme un seul corps mystique[4]. »

En effet, pour les Pères de l'Église des IVe et Ve siècles l'expression *corpus mysticum* est strictement réservée pour décrire ce mystère par lequel l'hostie devient capable de contenir le corps véritable du Christ, dont on dit qu'il est *verum* ou *naturale*. En revanche quelque huit siècles plus tard, on commence à parler avec Pierre Lombard et l'Abbé de l'Étoile de « corps mystique » pour désigner l'Église, opérant ainsi un profond changement de doctrine et de formule qui réserve le corps réel du Christ

---

2 Je dois ces références au travail minutieux de recensement des formules *corpus mysticum* effectué par Martin Morard dans l'œuvre somme de saint Thomas d'Aquin. Martin Morard, « Les expressions *Corpus mysticum* et *Persona mystica* dans l'œuvre de saint Thomas d'Aquin », *Revue thomiste*, tome. 95, 1995, p. 653-664.

3 Comme l'écrit Henri de Lubac : « Par le pain unique du sacrifice, il est donc clair que chaque fidèle, communiant au corps du Christ, communie par le fait même à l'Église. En recevant l'Eucharistie, chacun "passe dans le corps du Christ" [Théodulphe d'Orléans, *Liber de ordine baptismi*, ndla], chacun prend part au corps du Christ, c'est-à-dire toujours à l'Église. » Henri de Lubac, *Corpus mysticum. L'Eucharistie et l'Église au Moyen Âge*, *op. cit.*, p. 32.

4 Saint Thomas d'Aquin, « Super Psalmo 21 », in *Commentaire sur les 54 premiers psaumes*, Édition Louis Vivès, 1869, trad. l'Abbé Bralé, reprise et corrigée par Charles Duyck, 2008, Édition numérique, http://docteurangelique.free.fr, 2004 (consulté le 09.02.2021). Dans son commentaire de l'épître aux Hébreux, saint Thomas d'Aquin peut ainsi écrire : « *Quae quidem epistola dividitur contra praecedentes, cum enim intentio apostoli in omnibus epistolis sit commendare gratiam novi testamenti ; Ecclesia autem tota est corpus mysticum* ; cette épître se distingue des autres, en ce que dans toutes ses Épîtres l'Apôtre traite de la grâce du Nouveau Testament, en tant qu'elle se répand sur tout le corps mystique de l'Église. » Saint Thomas d'Aquin, *Commentaire de la lettre de saint Paul aux Hébreux*, Édition Louis Vivès, 1869, trad. l'Abbé Bralé, reprise et corrigée par Charles Duyck, 2008, Édition numérique, http://docteurangelique.free.fr, 2004 (consulté le 09.02.2021).

à l'eucharistie et le corps mystique à l'Église. L'expression ne se stabilisera qu'au siècle suivant et « devient d'un usage à la fois technique et courant[5]. » Il appartient en effet au XIIIe siècle d'avoir adapté la mystique chrétienne aux besoins politiques de l'Église et à saint Thomas d'Aquin d'avoir imposé la formule du *corpus Ecclesiae mysticum*, abandonnant ainsi la dimension sacramentelle du *corpus Christi mysticum* jusque-là réservée à l'eucharistie. On lira sur ce point la question 8 de la troisième partie de la *Somme théologique* qui marque le passage du *corpus Christi mysticum* au *corpus Ecclesiae mysticum*, et on trouvera dans la conclusion de l'article 1 intitulé *La grâce du Christ comme tête de l'Église* une bonne synthèse de la refonte du vocabulaire théologique qui a lieu au milieu du XIIIe siècle : « De même que l'on donne à toute l'Église le nom de *corps mystique* par analogie avec le corps naturel de l'homme, dont les divers membres ont des actes divers, ainsi que l'enseigne l'Apôtre (Rm 12, 4 ; 1 Co 12, 12), de même on appelle le Christ tête de l'Église par analogie avec la tête humaine[6]. » Le mystère est ainsi passé tout entier du sacrement à l'Église en vertu des pouvoirs de communion prêtés à la « manducation spirituelle » qui lui donne la possibilité d'atteindre « cette plénitude du Christ en quoi consiste l'Église[7]. »

En d'autres termes, c'est parce que l'Église est fondée sur la réalité sacramentelle de l'eucharistie qu'il est devenu possible de lui prêter une interprétation spirituelle, réservant à l'eucharistie une interprétation corporelle qui justifie la présence réelle du Christ. Comme l'écrit Ernst Kantorowicz dans l'excellent commentaire qu'il a donné du travail philologique conduit par Henri de Lubac sur cette question, l'eucharistie et l'Église ont échangé « au prix d'un curieux chassé-croisé[8] » leur formule respective, au point que ce qui définissait jadis le sacrement – *corpus mysticum* – définit aujourd'hui l'Église qui a abandonné la formule *corpus Christi* à l'eucharistie. Le premier y gagne une vérité qui fait coïncider le symbole de l'hostie et la réalité corporelle du Christ, mettant fin au long débat théologique sur le statut liturgique de la communion eucharistique, tandis que la seconde y

5 Henri de Lubac, *Corpus mysticum. L'Eucharistie et l'Église au Moyen Âge*, *op. cit.*, p. 125.

6 Saint Thomas d'Aquin, *Somme théologique IIIa Pars, Le Christ, les sacrements, jusqu'à la pénitence*, Question 8, art 1, p. 88. Cf. pages 244 et 245, le commentaire de E. Kantorowicz.

7 Henri de Lubac, *Corpus mysticum*, *op. cit.*, p. 212.

8 Ernst Kantorowicz, *Les Deux Corps du roi. Essai sur la théologie politique du Moyen Âge*, trad. Jean-Philippe et Nicole Genet, Paris, Gallimard, coll. Folio, 2000, p. 238.

trouve l'unité symbolique qui l'assimile au corps du Christ. L'Église est ainsi déclarée *corpus mysticum* par Jacques de Viterbe, lorsque ce dernier eut à se prononcer en faveur du pape Boniface VIII dans sa confrontation avec Philippe le Bel pour savoir qui du pape ou du roi devait assurer le pouvoir temporel sur terre, tandis que le Christ est dit *caput spirituale et mysticum* conformément à la métaphore paulinienne[9]. Plus l'épithète « mystique » quitte le corps eucharistique, plus elle se rapproche du corps ecclésial. Plus s'affirme le sacrement, plus s'impose la forme spirituelle de l'Église.

RÉALISME DU SYMBOLE

Ce bref récit des évolutions théologiques d'une formule canonique pourrait à première vue nous éloigner de la mystique de Dumont. Qu'ont donc en commun l'enquête policière de Pharaon de Winter et les débats scolastiques carolingiens autour du *corpus Christi* ? Qu'est-ce qui pourrait bien rapprocher les étreintes charnelles de Katia et David de l'union eucharistique avec le corps de Jésus-Christ ? Formulé ainsi, le problème est non seulement illisible, mais il a peu de chance d'être constitué. En revanche, si l'on retient du « corps mystique » un problème de théologie qui a la nature du Christ pour objet, la communion des corps[10] pour fin dernière et la grâce pour moyen, alors il devient possible d'en réévaluer la survivance dans un cinéma qui part des corps pour penser l'unité du monde. En d'autres termes, là où la théologie chrétienne a pensé la communion des corps comme union inamissible des hommes avec Dieu, vivant dans une même communauté spirituelle et partageant un même pain de sacrifice, Dumont fait de l'*unio mystica* l'agent d'une expérience communielle qui rend le monde possible. Rien ne dit cependant que l'expérience proposée à ses personnages trouvera une issue favorable. Privée de tout, Camille Claudel mourra à Montfavet

9 *Ibid.*, p. 129.

10 Dans la théologie chrétienne, à partir du XIIe siècle, le corps du Christ est dit *naturale*, *verum* ou *personale* pour désigner l'eucharistie et il est dit spirituel, politique ou mystique pour désigner l'Église.

dans l'asile de Montdevergues où elle a été enfermée, tandis que Katia sera sauvagement assassinée par David dans la chambre d'un motel américain. Seule importe la permanence d'une aspiration qui, préparée par *L'humanité*, trouvera sa première formulation explicite avec *Hadewijch*. Lorsque la bienheureuse d'Anvers écrit dans l'un de ses poèmes strophiques que « Ceux qui d'abord étaient deux, deviennent / Un seul être, en mutuelle pénétration[11] », elle ne fait jamais que nommer la quête de cette « fruition commune et réciproque » qui met les personnages dumontiens en mouvement.

Pourtant, Dumont a beau multiplier les références à la mystique, il sait qu'il filme sans le secours de Dieu et que sa dépendance à la religion est nulle : « J'ai longtemps cherché, dit-il à propos de *Hors Satan*, comment filmer une telle situation d'une manière qui n'implique pas une relation à la religion. Je ne suis pas croyant, mon film ne contient l'exigence d'aucune autre foi que dans le cinéma. » Une telle philosophie n'est évidemment pas sans précédent, elle a sa tradition, ses modèles, son lexique. On pensera, par exemple, à Walter Benjamin défendant les vertus surréalistes de l'illumination profane : « Nous ne pénétrons le mystère que pour autant que nous le retrouvons dans le quotidien comme impénétrable et l'impénétrable comme quotidien[12]. » Ou bien encore aux essais de psychologie descriptive de William James qui faisait de « l'illumination intérieure [...] la marque de l'état proprement mystique[13]. » Ce qu'il faut souligner, c'est que le réalisme de Dumont est inséparablement tressé de deux fils, l'un qui plonge dans la chair du monde et dote l'image d'une matière, d'une texture qui, comme il l'indique, peut se dire de la pluie ou d'un paysage, l'autre qui retourne cette même texture pour lui faire rendre une figure, un signe qui reste à déchiffrer. Réalisme et symbolisme ne s'excluent pas chez Dumont, bien au contraire ce sont les deux faces d'une même expérience du monde qui commande de penser le réalisme avec la mystique, la matité des choses avec l'évidence de leur retrait. Là où la religion chrétienne a confié l'administration du mystère à la liturgie et

11 Hadewijch d'Anvers, *Amour est tout, Poèmes strophiques*, Chant 28, 4, trad. du moyen-néerlandais par Rose Vande Plas, Paris, Éditions Téqui, 1984, p. 195.

12 Walter Benjamin, « Le surréalisme », *Œuvres II*, Éditions Gallimard, coll. Folio, 2000, p. 131.

13 William James, *L'expérience religieuse. Essai de psychologie descriptive*, trad. F. Abauzit, Paris, Éditions Felix Alcan, 1906, p. 346.

imposé un réalisme eucharistique – « le corps du Christ est présent en vérité dans le sacrement[14] » – avant de se montrer sensible aux voies de l'expérience de la mystique carmélitaine ou ignatienne, Dumont, lui, ne conçoit qu'un « sentiment mystique » qu'il définit comme « cette intuition de l'unité mystérieuse du monde et de tout[15]. » Tout part de lui et y revient. Le reste, toutes les vicissitudes qui malmènent ses personnages et leur opposent une impéritie existentielle, ne sont jamais que des variations autour de ce point de capiton débarrassé de sa métaphysique. Si ce que saint Paul appelle « mystère » se confond avec l'action lancée par Dieu qui choisit de faire de son Fils Jésus-Christ l'agent d'une conversion spirituelle soumettant l'âme et les pensées de tous au principe agissant d'une communion universelle, il ne reste plus à Dumont qu'à changer le nom de Dieu par le mot « cinéma » pour obtenir un résultat identique : « Je vous dis que vous pouvez lire Saint Thomas d'Aquin, et puis vous remplacez Dieu par le cinéma, et voilà[16]. » Saint Thomas d'Aquin disait de la mystique qu'elle est une *Cognitio Dei experimentalis*, la voilà devenue *Cognito Cinema experimentalis* avec Dumont.

En repassant par la dialectique figurative de la théologie chrétienne qui s'est efforcée de concilier les deux valeurs qui construisent la réalité spirituelle du *corpus Christi*, « *veritas* » *et* « *figura* », l'esthétique dumontienne s'est en définitive donné les moyens de faire de l'image le lieu d'un accomplissement de la vérité du monde. L'idée que la figure puisse être le moyen de la vérité est au cœur de toute l'herméneutique des Pères de l'Église : ne dit-on pas de l'eucharistie qu'elle est à la fois symbole et sacrement, pain mystique et corps du Christ ? Elle est passée dans la peinture de la Renaissance qui y a reconnu un moyen de surmonter l'écart séparant le goût nouveau pour le réalisme et la pratique ancienne du symbolisme. Erwin Panofsky en a fort bien résumé les enjeux : « Quand l'enlumineur de 1275 environ veut évoquer les idées associées au pélican avec sa piété, il se contente de dessiner un pélican avec sa piété au sommet de ce qui est à la fois une croix et un arbre ; mais quand Jan van Eyck veut en faire autant, il lui faut introduire l'oiseau symbolique sous la forme d'un petit groupe en cuivre, surmontant

14 Henri de Lubac, *Corpus mysticum*, *op. cit.*, p. 282.
15 Bruno Dumont, « Entretien », Groupement national des cinémas de recherche, 2017.
16 Bruno Dumont, « Complexifier la mystique par la mécanique », *op. cit.*

l'accoudoir d'un trône d'apparence réelle[17]. » Cette pratique ancienne de « symbolisme caché ou déguisé[18] », Dumont en a renouvelé le sens en concédant une mystique de l'image qui donne accès au monde dans sa vérité. On ne séparera donc pas le réalisme de ses images du symbolisme de sa figuration. Voilà ce qui se conserve et se transmet de film en film, la possibilité d'aller de la figure à la vérité et de la vérité au mystère. Dumont tient les images pour responsables d'un accès au monde. Elles n'en sont ni l'imitation ni la représentation, elles sont intercession, prière et illumination. Mystique en somme.

C'est ce même *corpus mysticum* que Michel de Certeau a porté au centre de la grande étude qu'il a livrée sur la mystique des XVIe et XVIIe siècles : « Qu'il s'agisse de reformer une Église, de fonder une communauté, d'édifier une vie (spirituelle) ou de (se) préparer un corps glorieux, la production d'un corps joue un rôle essentiel dans la mystique[19]. » La raison symbolique qui gouverne les solutions eucharistique et ecclésiale s'est renouvelée au contact d'une pratique qui conjugue des expériences, des récits, des visions et des formes sociales que de Certeau a fini par assimiler à des « scénarios de corps. » Et de conclure : « De ce point de vue, elle est cinématographique[20]. » Le cinéma de Bruno Dumont n'est évidemment pas étranger à cette scénarisation des corps qui réoriente l'histoire de la mystique occidentale. Pour nous y introduire, nous pouvons considérer le fil d'une même expérience primitive et brutale qui livre des personnages à une grandeur qui les dépasse et les incorpore, les élève ou les abîme. Trois ans après *Flandres* (2006), *Hadewijch* (2009) est venu nommer cette expérience en lui donnant le cadre de la mystique flamande. Si la mystique est habituellement pensée comme « une expérience immédiate et passive de la présence de Dieu[21] » et si Céline s'y abandonne, désespérant de s'unir enfin à Dieu, la poétesse brabançonne n'est pourtant pas une exception dans la filmographie de Bruno Dumont. Elle est plutôt le révélateur d'une économie mystique qui s'est imposée dès *La vie de Jésus* dont on peut tirer les fils. Tous nous ramènent à un

17 Erwin Panofsky fait allusion au folio 345v du *Psautier de Yolande de Soissons* (vers 1290) et à la *Vierge en majesté*, le panneau central du *Triptyque de Dresde* (1437). Erwin Panofsky, *Les Primitifs flamands* (1953), trad. S. Le Bourg, Paris, Éditions Hazan, coll. 35/37, 1992, p. 264.

18 *Ibid.*

19 Michel de Certeau, *La fable mystique, I, XVIe-XVIIe siècle, op. cit.*, p. 108.

20 *Ibid.*, p 109.

21 Albert Deblaere, *Essais sur la littérature mystique*, Louvain, Peeters Leuven, 2004, p. 113.

âge où fleurissait une mystique sauvage, avant qu'elle ne soit désarmée par la médecine aliéniste du XIXe siècle. Dumont en a repris la tradition, composant son répertoire de personnages en allant à la source des saints, des fous, des idiots, des illettrés, des vagabonds, des démoniaques, des pauvres et des humiliés qui habitent la mystique populaire. Céline Vel Hadewijch, pourtant habilitée par la littérature savante, est venue rejoindre ces déshérités impatients en quête d'union, avant de quitter l'humilité de la vie intérieure pour la voie aventureuse du djihad. Pour Jeanne d'Arc ce sera plus simple encore. La route qui va de Domrémy à Orléans a été tracée par Dieu, elle n'a qu'à suivre les signes qui composent son itinéraire. Leur tempérament est sans doute trempé du même acier, mais on se leurrerait à les rapprocher trop vite. Lorsque l'une fait assaut de prières et de larmes, l'autre débat et tient tête. Hadewijch cherche son Dieu, sanglote à genoux devant le Fils crucifié, là où Jeanne d'Arc « élimine de sa substance tout ce qui n'est pas assez pur, assez résistant et souple, pour que Dieu l'utilise[22]. » Comme tous les autres personnages dumontiens, elles ne veulent qu'une chose, lutter contre ce qui diminue la beauté du monde et des cœurs, redresser le visage des hommes pour qu'ils puissent enfin contempler Dieu, ou la nature.

L'*unio mystica*, longtemps donnée comme la finalité spirituelle de la mystique, n'a pas disparu de l'horizon moral des personnages dumontiens. Bien au contraire, libérée de son appareil théologique comme de ses dispositifs spirituels, elle s'est renouvelée et s'est rendue disponible en chacun de ses scénarios. Cette composante figurative de l'économie mystique, largement dépendante de sa réalité préfilmique et des acteurs non professionnels privilégiés par le cinéaste de Bailleul, complète son réalisme et prolonge l'iconographie documentaire d'une mystique populaire qui survit jusqu'au milieu du XIXe siècle. Le cinéma de Dumont y a trouvé son *modus loquendi*, des « passants fantastiques », des fantômes ou des revenants, des mémoires de corps rejetés d'une tradition humiliée lorsque le savoir d'une mystique savante « quitte ses autorités textuelles pour se muer en la glose de voix sauvages[23]. » Dumont le rappelle à propos de *Hors Satan* : « Pour moi le cinéma c'est ce qui permet de faire place à l'extraordinaire dans l'ordinaire, et de laisser percevoir ce qu'il y a de divin chez les humains, de l'éprouver. C'est ce qui rapproche le

22 Henri Bergson, *Les deux sources de la morale et de la religion*, *op. cit.*, p. 302-303.

23 Michel de Certeau, *La fable mystique, I, XVIe-XVIIe siècle*, *op. cit.*, p. 44.

cinéma de la mystique. » Une telle conception de la mystique est en tout point très proche de celle qui s'est imposée au XVIIe siècle lorsque « la région "mystique" se détache des voies "ordinaires" ou "communes", et tend à s'identifier à l'"extraordinaire[24]". » Le goût de Dumont pour l'extraordinaire repose sur une conception mystérieuse de la réalité qui concentre sur les corps de ses personnages la densité d'une philosophie en quête d'amour. Cette généalogie des corps qui oscille entre l'élévation symbolique et l'abaissement charnel, qui dévie depuis son premier acte sacramentel, l'eucharistie, avant de s'abîmer dans les gestes d'une scénographie mystique, compose une histoire sur laquelle sont greffés les films du cinéaste. Ses boutures filmiques sont autant d'expressions légitimes et aberrantes d'une même souche historique qu'il s'agit de rétablir. Travail d'analyste qui consiste à reprendre les liens qui vont de la pensée figurative d'un cinéaste au problème de la pensée qui la justifie historiquement.

24 *Ibid.*, p. 137.

LES PERSONNAGES DUMONTIENS

> Il n'est pas étonnant que les discours mystiques de désirs insensés, refoulés par la raison d'État qui sert de modèle à tant d'institutions, fassent également retour sous la figure du sauvage. Sous cette forme, il apparaît – il ne peut apparaître qu'en vaincu. Mais ce vaincu parle de ce qui ne peut s'oublier.
> Michel DE CERTEAU[1]

Le réalisme dumontien n'existe pas sans sa part de mysticisme. On parlera donc de réalisme mystique pour décrire des mondes fictionnels qui se sont affranchis de leurs coordonnées sociales. Certes *La vie de Jésus* a ses chômeurs, *L'humanité* ses grévistes et *Flandres* ses agriculteurs, et cependant le scénario moral de chacun de ces films ne passe pas par leurs difficultés matérielles. Elles existent, mais elles n'expliquent rien. Seule compte chez Dumont la conversion totale et irrésistible des cœurs qui a peu à voir avec les formes négociées de la vie sociale. Peu sensibles à la régulation des communautés historiques, dont Paul Ricœur rappelait que c'est « par le contenu des mœurs, par des normes acceptées et des symbolismes de toutes sortes, que persévère l'identité narrative et symbolique d'une communauté[2] », les personnages de Dumont sont pénétrés d'une morale sauvage, irrésistible, violente, qui échappe à tout formalisme moral. En avançant le mot de morale, on ne retiendra pas le mouvement habituel qui va de la loi morale au sujet qui l'accomplit – les personnages dumontiens ne règlent pas leurs actions sur une morale formelle du devoir – on

1 Michel de Certeau, *La fable mystique, I*, *op. cit.*, p. 279.

2 Paul Ricœur, « Éthique et politique », in *Autres Temps, Les cahiers du christianisme social*, n° 5, 1985, p. 62.

s'efforcera en revanche de concevoir l'effort spirituel qui pousse ces derniers à s'affranchir de cette loi commune.

Si ses films ne portent aucun jugement moral sur ses personnages, c'est que refusant toute médiation sociale et psychologique, ils posent une condition plus immédiate, plus brutale aussi, qui fait de « la recherche d'un droit à l'amour de nous-même » ce que Ricœur appelle « la première pulsion éthique[3]. » Œuvre sans moralisme ni formalisme moral, son projet n'est pas d'éducation, elle n'en contient pas moins une réserve morale à laquelle Dumont a donné le nom d'amour. Tels sont les derniers mots de Demester à Barbe, son « je t'aime » arraché à une humanité qui retrouve un visage, le seul qui convienne à quiconque veut s'introduire dans la dimension morale de l'existence sans laquelle nulle humanité n'est possible. Ce « je t'aime » marque en outre le seuil de la vie politique, celui à partir duquel une communauté peut se dire historique. Comme l'écrit Ricœur à propos de l'œuvre d'Éric Weil, « la morale est le point de départ de la philosophie politique » parce qu'elle permet de « passer du point de vue de l'individu et de sa "violence", au point de vue de la communauté historique et de sa morale vivante[4]. » Voilà qui situe la violence des films de Dumont, elle est un en-deçà de la vie morale dont il a choisi d'éclairer le point d'exception qui la rend consciente. Voilà qui explique le rôle qu'y tient la mystique, puisqu'elle est cette région des affects et des actions humaines où se négocie la possibilité d'être soi dans l'amour du monde. La vie morale est sans retour, comme le pardon chez Tolstoï.

Il faut bien voir que si la théologie mystique a eu ses clercs, ses doctrines et ses institutions, le monde chrétien a connu une autre mystique abandonnée à toute une cohorte d'originaux livrés aux voix, aux visions et aux signes. Ce sont ces personnages « sans productivité, ou sans lettres, ou sans lieu et sans état[5] » que l'on retrouve dans ses films. Par-delà les différences qui les séparent ou les opposent, que l'on retienne la charité de Pharaon de Winter, la jouissance sans Dieu de David et Katia, la folie de Camille Claudel, l'impatience unitive d'Hadewijch, les guérisons du gars d'Ambleteuse ou la foi combattante de Jeanne d'Arc, tous sont

3 *Ibid.*, p. 59.

4 Paul Ricœur, « La philosophie politique d'Éric Weil », in Revue *Esprit*, *Traversée du XXe siècle*, Paris, Éditions de la Découverte, 1998, p. 110.

5 Michel de Certeau, *La fable mystique, I*, *op. cit.*, p. 278.

sensibles à l'attrait d'une morale commune, mystérieuse et agissante, qui exige d'eux qu'ils se dressent contre leur propre misère spirituelle et se réconcilient le monde. Certains y parviennent, d'autres échouent. Qu'ils soient mutiques, suppliants ou chantants, tous possèdent cette « force invincible des faibles[6] » qui faisait la mystique de Péguy, tous œuvrent à forcer l'avènement d'une « unité mystérieuse du monde et de tout[7] », tous cherchent à y prendre part : « l'homme est une terminaison du paysage, disait Dumont, nous en sommes la partie mobile[8]. » En effet, le paysage que regarde Freddy à la fin de *La vie de Jésus* n'est pas modifié par un quelconque signe atmosphérique qui le distinguerait à son seul profit, parce que c'est le rapport du sujet à la chose regardée qui s'est inversé. Freddy fait désormais partie du paysage qui le reconnaît comme l'un de ses prolongements racinaires. Les fables de Dumont n'en sont pourtant jamais le centre. Ce qu'elles disent s'énonce toujours depuis ses bords les plus fragiles ou les plus inquiétants, la banlieue, le bocage, les marais, l'asile, le désert, autant de marges marquées du signe de l'exclusion et de l'éloignement social. Michel de Certeau, qui a parcouru l'immense documentation accumulée contre une mystique devenue indésirable aux XVIe et XVIIe siècles, faisait remarquer que le mystique n'était pas moins paria que l'immigré des banlieues d'aujourd'hui.

Les effusions de la mystique, ses jardins de visions et ses promesses d'union avec l'aimé, sa gloire littéraire qui s'est conservée et transmise ne sauraient éclipser son envers baroque de maladies, de mortifications, d'exorcismes et de spectacles effrayants dont toute une société s'est saisie pour en réduire les prétentions spirituelles, leur imposer le silence et les soumettre à l'ordre d'une nouvelle rationalité qui intègre aussi l'Église. La mystique n'a véritablement survécu à ce doute généralisé, à ce mépris social qu'en détachant de sa physiologie incertaine les corps les plus sains, qu'en prélevant sur un corpus mélangé les œuvres les plus pures. On a ainsi édité, révisé et rangé dans les bibliothèques les plus académiques les œuvres de sainte Thérèse d'Avila, saint Jean de la Croix ou Angelus Silesius, on a formé le canon d'une littérature mystique digne d'études, on a en somme consacré un héritage lumineux qui supposait le refoulement

---

6 Charles Péguy, « Notre jeunesse », *op. cit.*, p. 66.

7 *Jeannette, L'enfance de Jeanne*, « Entretien avec Bruno Dumont », Groupement national des cinémas de recherche, 2017.

8 *Ma Loute*, « Entretien avec Bruno Dumont », Michaël Mélinard, *L'Humanité*, 13 mai 2016.

d'une part d'ombre jugée indigne. Mais une telle entreprise de restauration littéraire et de réhabilitation théologique a eu deux conséquences. On s'est d'abord inquiété de relire les textes de la mystique pour les rendre conformes à un goût, une morale, une norme sociale. On les a ainsi neutralisés. On s'est ensuite efforcé de faire disparaître toute cette mystique sauvage qui ne pouvait être sublimée dans des œuvres littéraires ni intégrée au corpus de la théologie mystique. Les Temps modernes ont achevé de faire disparaître la mystique dans la médecine aliéniste et la sociologie du XIXe siècle. Michel Foucault a montré comment « la Renaissance a dépouillé la misère de sa positivité mystique[9] », comment elle en a diminué le prestige et retourné la fascination, avant que l'Église elle-même n'en vienne à se méfier des pauvres et des fous. La médecine aliéniste du XIXe siècle lui donnera l'occasion de trier parmi les saints et de vaincre le désordre spirituel que faisait courir la nef des fous, ce vieux navire mystique de la *Civitas Christiana*. Phénomène résolument neuf, la médecine est désormais sollicitée comme « une auxiliaire de discernement théologique[10] » dans l'administration de la preuve.

La mystique était dangereuse, elle troublait l'ordre public, dérangeait la doctrine et menaçait l'institution. Il devenait urgent de la maîtriser. On a ainsi fini par la faire rentrer dans le giron de la médecine, qui s'est avisée de faire interner tout ce peuple inspiré par Dieu mais privé d'Église. Les personnages de Dumont portent les stigmates de cette longue histoire, ils sont au sens strict des revenants.

LES TROIS ORDRES DE LA MYSTIQUE DUMONTIENNE

Dumont n'a jamais caché que c'est un « sentiment mystique » qui le pousse à filmer. On pourrait aisément m'objecter que les personnages de *Twentynine Palms* sont à bien des égards des mystiques contrariés dont les

9 Michel Foucault, *Histoire de la folie à l'âge classique*, Paris, Éditions Gallimard, coll. Tel, 1972/1961, p. 67.

10 Tiago Pires Marques, « Mystique, politique et maladie mentale. Historicités croisées (France, C. 1830-C.1900) », *Revue d'Histoire des Sciences Humaines*, Éditions Sciences Humaines, 2010, 2 n° 23, p. 49.

corps s'unissent sans que jamais l'âme n'y soit réellement mêlée. Leurs extases ne délivrent aucune révélation et leur jouissance est sans fruit ni gloire. Pourtant, cet envers mystique appartient encore à la mystique, il n'en est que la version malheureuse, comme le terrorisme d'Hadewijch n'est jamais que l'échec de sa mystique retombée dans l'action politique. Veut-on comprendre les personnages dumontiens depuis la mystique ? Il suffit d'ouvrir le répertoire de leur figuration pour s'apercevoir qu'il est possible de les ranger selon trois catégories, les illuminés, les possédés et les combattants. On y surprendrait alors trois manières d'être mystique, toutes tirées d'une même littérature qui a multiplié les récits d'une mystique s'exerçant sans patente divine ni science de Dieu.

Avancer que les personnages dumontiens sont des composés d'histoire, que leur réalité sociale fait sienne tout un commerce de figures tirées de la littérature mystique, n'achève pas cet essai de portraiture. Il nous faut encore tirer parti des survivances iconographiques qui activent leur invention figurative. Il convient de s'arrêter sur L'*Encyclopédie méthodique* commencée à la fin du XVIIIe siècle par Charles-Joseph Panckoucke dans le but de prolonger l'entreprise de Diderot et d'Alembert. Elle fut poursuivie à Paris par Henri Agasse qui consacra treize volumes à la médecine entre 1787 et 1830. Le neuvième tome publié en 1816 accorde un long chapitre à la médecine que l'on qualifiait alors de « morale ». Elle était habituellement composée de quatre domaines d'étude : « l'influence réciproque du physique et du moral dans l'état de santé et de maladie ; l'observation, l'emploi des effets qui dérivent de cette réaction ; l'analyse des affections sensorielles, l'exposition des maladies et du régime des gens de lettres et artistes et, enfin, l'histoire des maladies de l'entendement que l'on traite dans les hospices ou celles dont le développement équivoque occasionne quelquefois tant de trouble et d'agitation dans la société[11]. » De cette approche historique des maladies morales qui distingue les causes spirituelles des causes matérielles pour chacune des époques considérées, on lira le classement retenu pour la période qui court du Moyen Âge au XVIIIe siècle. Ce sont quatre classes qui décrivent des ascétiques, des mystiques et des illuminés pour la première, des astrologues, des théosophes et des hermétiques pour la seconde, des démoniaques et des possédés pour la troisième et,

11 *Encyclopédie méthodique ou par ordre de matières par une société de gens de lettres, de savants et d'artistes*, tome neuvième, Paris, Mme Veuve Agasse, 1816, p. 393.

enfin, « des malheureux vivement préoccupés de l'idée de revenants ou de spectres et dans l'histoire desquels le vampirisme se trouve placé au premier rang[12]. » La mystique, qui n'a pas plus de réalité que la théosophie et les superstitions, est abaissée au rang des aberrations populaires qui font commerce d'esprits et s'adonnent à la sorcellerie.

De telles idées, que l'on disait alors *psychosophiques*, sont dénoncées comme absurdes, excentriques et exaltées. Vus depuis la médecine du XIXe siècle, les mystiques disparaissent dans les registres qui consignent la diversité des maladies mentales. Et c'est ici, dans l'oubli auquel ils ont été abandonnés, que Dumont est allé les chercher, reprenant de leurs habitudes et de leurs fréquentations tout un monde de gestes et d'actions repeints aux couleurs d'une époque qui peut se croire décidément moderne.

LES ILLUMINÉS

Pour son premier long-métrage, *La vie de Jésus*, Dumont a choisi d'exposer son personnage au terme d'un itinéraire chaotique à une illumination intérieure, donnant ainsi à Freddy l'occasion de sortir de sa nuit morale au lendemain d'un crime. Victoire modeste qui ne signe jamais qu'un commencement, une manière d'entrer dans le monde et d'y appartenir. L'illumination ne demande rien de particulier, elle n'appelle ni préparation ni exercices spirituels, tout au plus demande-t-elle une passivité favorable, une disponibilité minimale sans laquelle l'humanité s'absente d'elle-même. Si le monde doit changer, c'est sous le coup d'un événement qui n'appelle aucune technicité particulière. À bien des égards, l'amour de Freddy pour Marie a joué ce rôle, ménageant en lui une surface de contact grâce à laquelle il a pu être affecté. Dans *Flandres*, la vie de Demester ressemble à celle de Freddy, si n'était son double mythologique qui le contraint à se rendre en enfer avant de pouvoir aimer celle qui s'est offerte à tous pour n'appartenir à personne. L'un et l'autre ont tué sans savoir, ils lisent désormais dans leur crime l'image inversée d'un commandement d'amour.

12 *Ibid.*, p. 406.

L'illumination chez Dumont est un coup de force qui empoigne ses personnages, elle a l'autorité salvifique d'une exposition, elle sollicite pour mieux réparer. Elle donnera à Pharaon de Winter l'élan d'une lévitation. Dumont a toujours avoué sa passion des commencements : les illuminés sont à bien des égards des initiés, des êtres nouvellement habilités, destinés à se retourner sur eux-mêmes pour se rendre disponibles aux autres. L'illumination était chez Paul Valéry, comme chez Rimbaud avant lui, un don, un génie qui n'appartient qu'à l'artiste, elle revient chez Dumont avec la même profondeur mystique que Valéry lisait chez Corot : « Je tiens, disait l'auteur des *Pièces sur l'art*, qu'il existe une sorte de mystique des sensations, c'est-à-dire une "Vie Extérieure" d'intensité et de profondeur au moins égales à celles que nous prêtons aux ténèbres intimes et aux secrètes illuminations des ascètes, des soufis, des personnes concentrées en Dieu, de toutes celles qui connaissent et pratiquent une politique de l'écart en soi-même, et se font toute une vie seconde à laquelle l'ordinaire existence n'apporte que des gênes, des interruptions, des occasions de perte ou des résistances et d'ailleurs, toutes les images et moyens d'expression sans lesquels l'ineffable lui-même ne se distinguerait du néant[13]. » L'illumination est la grâce de l'art, Dumont s'y tient comme à une religion, qui débouche sur une mystique primitive laissant le monde se découvrir en quelques « instants exceptionnels », des miracles dirait Augustin, un mysticisme disait Valéry, qui « consiste peut-être à retrouver une sensation élémentaire, et en quelque sorte, primitive, la *sensation de vivre*, par une voie incertaine, qui se fait et se fraye à travers la vie déjà faite et comme arrivée[14]. » Romain Rolland a recueilli cette illumination et nommé « sentiment océanique » cette intuition qui n'est ni la réplique de l'extase mystique ni la clé de voûte d'une éthique universelle.

> J'entends par là : – tout à fait indépendamment de tout dogme, de tout Credo, de toutes organisations d'Église, de tout livre Saint, de toute espérance en une survie personnelle, etc. –, le fait simple et direct de la sensation de l'« éternel » (qui peut très bien n'être pas éternel, mais simplement sans bornes perceptibles, et comme océanique)[15].

---

13 Paul Valéry, « Autour de Corot », in *Pièces sur l'art*, Paris, Éditions Gallimard, 1934, p. 147.

14 Paul Valéry, « Berthe Morisot », in *Pièces sur l'art*, *op. cit.*, p. 122.

15 Romain Rolland, « Lettre datée du 5 décembre 1927 », in Henri Vermorel et Madeleine Vermorel, *Sigmund Freud et Romain Rolland. Correspondance 1923-1936*, Paris, Presses Universitaires de France, 1993, p. 304.

Freud lui-même, pourtant résistant à la découverte de Rolland, écrivait à Georg Groddeck que « tout individu intelligent a bien une limite où il se met à devenir mystique, là où commence son être le plus personnel[16]. » Quelques années plus tard Roger Caillois en prolongeait l'intuition : « Pour un peu, j'y verrais le germe possible d'une espèce inédite et paradoxale de mystique. Comme les autres, elle conduirait l'âme au silence d'une demi-heure, elle l'amènerait à se dissoudre dans quelque immensité inhumaine[17]. » Les mondes dumontiens sont des mondes dérivés des formes sociales, auxquelles ils empruntent un milieu et des interactions, des mondes recomposés en constellations de signes qui attendent d'être déchiffrés. Chaque film invente les conditions d'un tel déchiffrement, mais conserve cette idée que le monde ne se livre que depuis ses marges. Il y faut donc des marginaux. Dumont ne milite pas pour un cinéma rimbaldien, un cinéma de poètes et de voyants, il s'efforce plutôt de racheter la part maudite d'une humanité abandonnée, privée de la prodigalité de ses richesses spirituelles.

LES POSSÉDÉS

La possession est une passion, une souffrance et une faim. Barbe la mal nommée (*Flandres*), « barbare » flamande par ses mœurs et sœur modernisée de la sainte de Bithynie qui refusait de se marier pour se livrer au Christ, est une possédée. Comme Camille Claudel. Elles ont au fond d'elles-mêmes une inspiration qui ne les laisse pas en paix, une force qui veut agir. Cette possession est tout sauf une propriété, un droit, un profit, une jouissance, elle est exactement inverse et évoque d'abord l'emprise, l'envoûtement, l'obéissance stricte. Les possédées de Dumont portent en elles une force excessive qui ne les laisse pas se gouverner, qui les oblige, les met à merci. Il faut voir *Flandres* comme un film Janus partagé entre deux mythologies, l'une d'inspiration grecque, l'autre chrétienne. Dumont envoie Demester à la guerre avant

16 Sigmund Freud, « Lettre à Georg Groddeck, 15 novembre 1920 », G. Groddeck, *Ça et moi*, trad. R. Lewinter, Paris, Éditions Gallimard, 1977, p. 65.

17 Roger Caillois, *Pierres*, Paris, Éditions Gallimard, 1966, p. 90-91.

de le rendre aux moissons, puis renverse le destin de sainte Barbe tout en conservant de son martyre l'enfermement dont il tirera un épisode psychiatrique et une expérience visionnaire. Sa mystique n'échappe pas aux transferts aliénistes qui se sont emparés des folles de Dieu, comptées comme autant de névroses extraordinaires de la femme hystérique. Barbe n'ignore rien des infortunes de Demester, mais ce qu'elle sait témoigne moins d'une réalité tragique dont elle est contemporaine, la guerre, que d'un déplacement de son propre martyre renouvelé dans les violences subies de la jeune femme soldat. Ou plutôt faut-il dire que la guerre est le matériel figural de sa mystique et que sa crise n'est jamais que la version psychiatrique d'une expérience visionnaire. Barbe est à la fois sainte et folle, amante universelle et putain comme chausson, habitée par des forces contraires que personne ne comprend.

De telles forces ont pourtant une origine, une histoire, des figures dont l'œuvre de Dumont s'est nourrie. Une folle sagesse, c'est en ces termes que la théologie mystique médiévale a commencé de cerner ce type de connaissance offerte à l'expérience mystique. Harphius et Jean Gerson ont, à la même époque, au tournant du XVe siècle, écrit une *Theologia mystica* qui s'est donné pour tâche de départager les mérites de l'amour et de l'intellect dans la connaissance de Dieu. Harphius reconnaît ainsi que la mystique est une sapience « déraisonnable, sans entendement et folle. » Il la nommera « excédante[18]. » Gerson, lui, admet que raison et folie sont indissociables et que la théologie mystique est « une sagesse insensée qui excède ceux qui la célèbrent[19]. » Nonobstant cette concession à l'expérience, la théologie mystique de Gerson s'écrit depuis un savoir philosophique privé de toute expérience personnelle. Son œuvre est celle d'un théologien, fort différente en ce sens des écrits de la mystique d'inspiration rhéno-flamande : « le discours sur la théologie mystique (comme réalité) s'autorise de l'exégèse de la Théologie mystique (comme texte)[20]. » Je conserve de cette dialectique un repère dans l'histoire de la mystique populaire qui voisine avec la folie des simples, des pauvres et des humiliés auprès desquels se sont penchés les

18 Harphius, *Theologia mystica*, p. 662, cité par Frédérik Nef, *La connaissance mystique. Émergences et frontières*, Paris, Éditions du Cerf, 2018, p. 101.

19 Jean Gerson, *Théologie mystique*, Paris, Éditions Vrin, 2008, p. 149.

20 Marc Vial, « Théologie mystique et expérience chez Jean Gerson », in *Revue de Théologie et de Philosophie*, 2010, Troisième série, vol. 142, n° 3/4, *De la théologie mystique à la mystique*, Éditions Droz, 2010, p. 241.

savants et les écrivains du XIXe siècle, tel Clemens Brentano recueillant les visions d'Anne Catherine Emmerich. Mais le phénomène est plus ancien, Michel de Certeau le repère au tournant du XVIIe siècle, lorsque « progressivement, la pauvreté occupe la place de la mystique », tandis que « l'ignorant s'identifie au pauvre et au croyant[21]. » Pauvre n'est encore qu'un autre mot pour dire l'idiotie de ces illettrés pleins de profondeur spirituelle, ces « mystiques sauvages qui parlent le langage des montagnes et ne savent rien des livres, mais reçoivent tout de Dieu. » Citons « la pauvre vachère de Ponçonnas en Dauphiné, Anne Le Barbier, gardant brebis dans la campagne, près de Caen, ou bien encore Barbe, pauvre servante de Compiègne, gardant les vaches à la campagne[22]. » Si sainte Barbe dessine le visage glorieux d'une sainte résistance et si ses visions fournissent le matériel figuratif de l'héroïne de Dumont, Barbe la petite paysanne que l'on croise dans *La vie du Père Charles de Condren*, rédigée par Denis Amelote et publiée à Paris en 1643, en conserve la tradition visionnaire, désormais inscrite dans les affaires du monde, à l'image de la conjuration contre le roi dont Barbe est instruite directement de Dieu.

> L'autre fille nommée Barbe pauvre servante d'une honnête famille de Compiègne n'a pas eu moins de peines que celle-ci, mais elles étaient d'une autre nature. Celles-ci étaient causées par une impression de sainteté de justice de Dieu. Les autres dont nous venons de parler venaient d'une participation des souffrances du Christ. Cette fille fut touchée de Dieu dès son enfance, et comme un autre Amos, fut remplie de lumière, gardant les vaches à la campagne. Dehors elle assistait au saint Sacrifice, n'y pouvant assister autrement. Et sans autre directeur que Jésus-Christ, elle fut conduite par toutes les voies de la Passion. Il ne lui fit pas seulement ressentir les douleurs de ses fouets, de ses clous et de ses épines, il lui donna part aux angoisses de son âme et aux tristesses de son esprit. Dieu se plaisait à faire porter à son innocence les péchés d'autrui et à continuer en elle les dispositions du Sacrifice de son Fils[23].

La Barbe de Dumont n'est ni sainte ni mystique, mais elle est à son tour assaillie de visions, dévorée d'ardeurs et soumise à d'étranges souffrances. Sa mystique n'en est apparemment plus une, ses tourments ne sont plus que les symptômes d'une étrange folie qui appelle l'hôpital psychiatrique et réclame l'internement, retrouvant ainsi l'interprétation

---

21 Michel de Certeau, *La fable mystique, I*, *op. cit.*, p. 326.

22 *Ibid.*, p. 325.

23 Denis Amelote, *La vie du Père Charles de Condren*, Paris, Henry Sara Imprimeur, 1643, p. 262.

aliéniste qui l'a fait disparaître. Demester, lui, est un paysan lourd et grossier que l'on a arraché à sa vie agreste, initié à une vie intérieure qui pesait mais demeurait sans expression. Quant à Bruno Dumont, le cinéaste, l'homme d'images, il ressuscite la posture et le rôle de ces lettrés qui se sont approchés de ces « bibles vivantes » pour en recueillir « la théologie humiliée[24]. » Il a beau dire, son point de vue a des antécédents et sa vision des prédécesseurs. Barbe appartient à la lignée des possédés surpassés par leur puissance, et rejoint une autre internée, Camille Claudel. Empêchée de création, privée d'atelier, sommée de se plier aux lois de l'asile, elle n'a dès lors plus qu'à se regarder mourir. Pharaon de Winter était interné dans son propre corps, emmuré vivant dans une forteresse dont s'échappent parfois un cri, une étreinte et l'image d'une grâce. Camille Claudel ne connaîtra aucune de ces échappées.

LES COMBATTANTS

Avec la nouvelle Hadewijch, le gars d'Ambleteuse et Jeanne d'Arc, Dumont a signé le temps des batailles et des combattants. Demester n'en est un que par accident. Mystiques ils le sont tous, parce qu'ils se sont tous levés contre le mal, réel ou supposé, parce que la vie y est engagée sans arrière-pensée, sans provision sur la mort. Victorieux ou défaits, rien ne change le cours de leurs luttes. Leur mystique s'énonce depuis cette certitude qui fait de l'amour la seule réponse possible au mal universel. *Hors Satan* renouvelle la figure du vagabond prophète, à l'image de Pierre Cluniac, l'ami des pères jésuites Surin, Labadie et Dabillon. Né à Périgueux en 1606, lettré, professeur de grammaire, étudiant en philosophie et théologie, mais doté d'un « esprit étranger » que l'on prête à un épisode survenu dans son enfance lorsqu'il fut « frappé de terreur par l'apparition de Satan comme une "bête menaçante", et que la "présence" de Jésus et de sa mère, en chassant toute crainte, lui a indiqué la voie du salut[25] », son portrait dessine des origines au gars d'Ambleteuse, personnage plus conceptuel qu'historique. Le XVIIe siècle

24 Michel de Certeau, *La fable mystique, I*, *op. cit.*, p. 44.
25 *Ibid.*, p. 360.

regorge d'originaux de toute sorte qui battent la campagne, poussés sur les routes par une sourde mystique qui les transforme en « *Wandersmann*, à la fois errant et migrant[26] », marcheurs infatigables comme on en rencontre dans les poèmes mystiques d'Angelus Silesius. « Rien ne te met en mouvement, écrit ce franciscain converti dans *Le Voyageur chérubinique*, tu es toi-même la roue. Qui roule d'elle-même et n'a pas de repos[27]. » La tradition s'est par ailleurs prolongée au XVIIIe siècle, à l'instar de Joseph von Eichendorff qui ouvre son poème *Der frohe Wandersmann* par ces vers : « *Wem Gott will rechte Gunst erweisen* / Quand Dieu veut prouver à quelqu'un ses faveurs, *Den schickt er in die weite Welt* / Il l'envoie dans le monde. » Si on lit bien Eichendorff, on sait d'où vient le gars d'Ambleteuse et ce qui le pousse sur les routes (Fig. 5).

FIG. 5 – Bruno Dumont, *Hors Satan*, 2011.

Le personnage est complexe et emprunte à la figure de l'exorciste que le Grand Siècle a choisi de mettre en scène au plus fort des crises politiques qui secouent le royaume. Les possessions qui ont frappé les ursulines d'Aix-en-Provence, de Laon, Louviers, Auxonne et Loudun, ont marqué les esprits et donné le spectacle d'une Église « dépassée par des religieuses (c'est-à-dire par leurs diables, pour les religieux) qui n'en finissent pas de revenir sur la scène, ce qui interdit d'écrire le "miracle" conclusif qui bouclerait la possession sur son programme narratif. Certes, chaque jour des épisodes considérés comme "miraculeux" se succèdent,

26 *Ibid.*, p. 374.
27 Angelus Silesius, *Le Voyageur chérubinique*, trad. Maël Renouard, Paris, Éditions Rivages poche n° 464, p. 63.

mais tout se passe comme si un allongement du spectacle venait perturber l'objectif du dénouement et conduire à répéter sans fin les exorcismes. Les diables ne veulent pas sortir, autant dire que les possédées ne peuvent (ne veulent ?) rentrer dans l'ordre[28]. » Les exorcismes de Loudun qui, au début des années 1630, transforment le couvent des ursulines en spectacle de « foire métaphysique[29] » consignent le modèle d'une lutte des corps qui permet de relire la mise en scène des séquences d'exorcisme de *Hors Satan*.

Spectacle ancien au demeurant, qui a forgé ses rituels et ses doctrines au Moyen Âge, lorsque ce dernier s'est inquiété des *daemoniacus, daemonio correptus, energumenus* et autres *obsessus a demone*[30] qui menacent la communauté chrétienne. C'est que « dans la société chrétienne, les possédés ont un rôle à jouer : ils témoignent par leurs gesticulations de la malédiction du péché, de la puissance du diable et du pouvoir encore plus grand du saint qui, les ayant châtiés, peut aussi les guérir[31]. » Si le possédé tressaute c'est parce que le diable s'agite, s'il est secoué de convulsions c'est que le démon a fait de lui sa marionnette. Cette gestuelle du diable n'avait pas échappé à Charcot qui recueillait dans les œuvres de l'art les signes de la grande névrose hystérique, avant de réunir cette longue litanie d'épisodes convulsifs « sous le nom de crises démoniaques[32]. » Ce que voit Charcot dans les tableaux et dessins qu'il relit comme autant de médiations infaillibles d'une phénoménologie religieuse, ce sont les phases d'une nouvelle symptomatologie médicale qui dépossède le corps de son ancienne démonologie. Ainsi, à propos d'une fresque d'Andrea del Sarto (*Guérison de la possédée*, Église de l'Annunziata, Florence, 1510), se dit-il persuadé de retrouver quelques-uns des caractères de l'attaque de grande hystérie habituellement observés à son commencement.

> Il semble que le moment choisi par le peintre soit celui qui inaugure l'attaque et précède les grandes convulsions. En termes scientifiques nous pourrions dire que la malade est dans la première période ou période épileptoïde de son

28 Sophie Houdard, « La possession de Loudun, (1632-1637), Un drame social à l'épreuve de la performance », Le Seuil, « Communications », 2013, 1 n° 92, p. 43.

29 Sophie Houdard, « De l'exorcisme à la communication spirituelle : le sujet et ses démons », in *Littératures classiques, L'irrationnel au* XVII*e* *siècle*, n° 25, automne 1995, p. 189.

30 Sur le vocabulaire médiéval du possédé, voir Florence Chave-Mahir, *L'exorcisme des possédés dans l'Église d'Occident (*X*e-*XIV*e siècle)*, Turnhout, Brepols, 2011.

31 Jean-Claude Schmitt, *La raison des gestes dans l'Occident médiéval*, *op. cit.*, p. 128.

32 Jean-Martin Charcot et Paul Richer, *Les démoniaques dans l'art*, Paris, Adrien Delahaye et Émile Lecrosnier Éditeurs, 1887, p. 22.

> attaque. Il nous serait possible de préciser plus encore et d'ajouter qu'elle est dans la phase de contracture tonique[33].

Ce que filme Dumont en revanche, ce sont les gestes d'une fiction figurative qui renouvelle la scénographie théâtrale de l'exorcisme liturgique au contact d'une tradition cinématographique toujours très active depuis le film de William Friedkin (*L'Exorciste*, 1973). Libre des règles fixées par le *Rituel de l'exorcisme et prières de supplication* (*De exorcismis et supplicationibus quibusdam*, 1998), Dumont n'interprète pas seulement une nouvelle nigromancie, il accomplit la geste mystique qui sait qu'« entre le démoniaque et la figure non moins ambiguë du saint mystique, il y a plus d'un trait commun[34]. » Si sa liberté créatrice est entière, elle n'exclut pas cependant une cohérence d'ensemble qui laisse deviner un ordre rituel : les combats que mène le gars d'Ambleteuse sont en effet tantôt suivis d'une prière de dévotion accomplie en plein air, tantôt d'un bain qui renoue avec la très ancienne tradition des sectes juives de Qumrân, lorsque l'on plongeait les démoniaques dans des bains d'eau froide et, bien sûr, avec la tradition chrétienne plus tardive des piscines baptismales réservées aux adultes. L'exorcisme de la jeune possédée rencontrée sur le bord d'une route s'achève par un bain purificateur, dont elle émerge nue, délivrée et surprise de se sentir transformée. Mais ce sont sans doute les grognements, les râles et les souffles qui inspirent les combats que filme Dumont, poussant le rite d'exorcisme aux limites de l'humanité (Fig. 6).

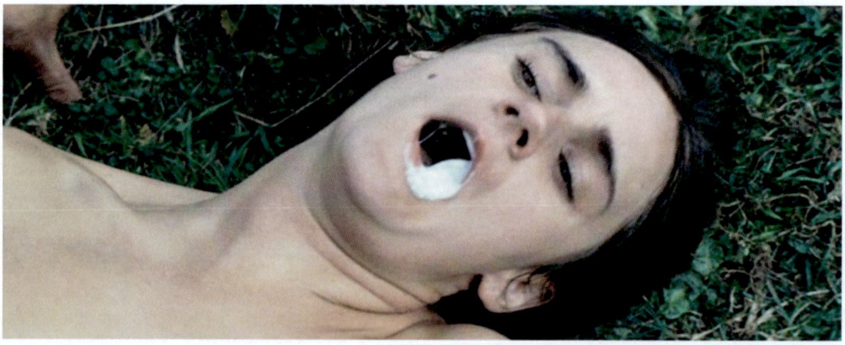

FIG. 6 – Bruno Dumont, *Hors Satan*, 2011.

33 *Ibid.*, p. 25.

34 Jean-Claude Schmitt, *La raison des gestes dans l'Occident médiéval*, *op. cit.*, p. 130.

Le *Livre des miracles de sainte Foy de Conques* (XIe-XIIe siècle, Sélestat) contient des descriptions qui découvrent les éléments sonores de la possession démoniaque. Le Livre III, probablement écrit à Conques autour des années 1030[35] par un moine qui souhaite poursuivre l'œuvre de Bernard d'Angers, auteur des Livres I et II, donne le récit édifiant de possédés guéris devant le sanctuaire : « C'est pourquoi nous voyons tous les jours, à son tombeau, les esprits immondes tourmentés dans les corps des possédés, torturés et frappés d'invisibles fléaux par son intervention et enfin chassés et obligés de lui demander à grands cris qu'elle cesse de leur infliger tant de supplices. Ils n'agissent pas tous de la même manière : les uns jettent des cris humains, d'autres rugissent comme des lions ou grognent comme des pourceaux ; d'autres sifflent comme des serpents, et tous, ne pouvant résister à la puissance accordée à la sainte par le Seigneur, abandonnent les corps des possédés et prennent la fuite[36]. » Là où les peintres médiévaux figuraient très explicitement le démon chassé du corps, s'échappant par la bouche du possédé, Dumont investit la bave d'un pouvoir de représentation démoniaque, en définitive conforme aux descriptions médiévales que l'on rencontre aussi bien chez Bernard de Clairvaux que chez Hildegarde de Bingen. L'exorcisme se concentre sur un baiser qui souffle et aspire le démon, lutte avec lui, renouvelant le geste d'insufflation, souvent confondu avec celui d'exsufflation, que le Moyen Âge a associé au rite du baptême, avant d'y soumettre les enfants en bas âge.

> La plupart des manuscrits au Nord de la Loire, emploient le mot *exsufflare*, qui est celui des sources romaines et de l'Ordo L, tandis que les documents du Sud, sauf quelques exceptions, utilisent le verbe *insufflare*, comme dans la liturgie mozarabe et gallicane[37].

Les ajustements liturgiques courent sur plusieurs siècles, multipliant les inventions symboliques – on demande de souffler trois fois ou bien

---

35 Voir Bonnassie Pierre, Gournay (de) Frédéric, « Sur la datation du Livre des miracles de sainte Foy de Conques », in *Annales du Midi*, Revue archéologique, historique et philologique de la France méridionale, tome 107, n° 212, 1995, p. 457-473.

36 Le *Livre des miracles de sainte Foy, Livre III, VIII*, repris in A. Bouillet et L. Servières, *Sainte Foy, Vierge et Martyre*, Rodez, 1900, p. 535 [Biblioteca di documentazione sul territorio. En ligne].

37 Joaquim O. Bragança, « Le symbolisme des rites baptismaux au Moyen Âge : les rites d'admission au catéchuménat », in *Didaskalia*, 3(1), 1973, p. 45.

de souffler en dessinant une croix – et les interprétations théologiques. Rappelons la leçon d'Augustin en matière de foi, elle est éclairante :

> Nous sommes devenus des hommes mortels, nous sommes remplis de craintes et d'erreurs ; c'est là l'œuvre du péché dont tout homme apporte en naissant la coulpe et le châtiment. Voilà pourquoi vous voyez que l'on souffle sur les petits enfants, et qu'on les exorcise, afin de chasser loin d'eux la puissance ennemie du démon qui n'a trompé les hommes que pour en faire ses esclaves[38].

Comme le rappelle Joaquim Bragança, c'est Jean Diacre, hagiographe pontifical qui rédige une importante *Vita* de saint Grégoire le Grand au IXe siècle, qui impose le modèle liturgique de l'insufflation : « *Satan reçoit l'insufflation parce que lui, le traître de toujours, est bien digne d'un geste aussi ignominieux.* Le catéchumène est exorcisé, ajoute Jean Diacre, *pour que le diable étant chassé, l'entrée soit préparée pour le Christ, notre Dieu*[39]. » On l'oublie trop souvent, mais le rituel romain a conservé les deux prières d'exorcisme et de délivrance dans le rite du baptême qui a cours aujourd'hui. La liturgie baptismale de l'Église catholique est inséparable du rite d'exorcisme, dernier scrutin du baptême après la prière silencieuse et la prière commune adressée aux catéchumènes. Dumont n'a pourtant retenu aucune des formules qui accompagnent l'exorcisme, il n'y a ni imprécation contre Satan ni invocation du Saint-Esprit, ni croix ni autel, tout tient au seul assaut mené contre le diable, au corps à corps et à l'empoigne qui conduit à la délivrance. Le dernier exorcisme ne laisse aucun doute sur le fonds de sexualité qui nourrit la possession démoniaque.

Les Pères de l'Église n'ont évidemment pas manqué de diaboliser la sexualité féminine, à l'instar de Tertullien qui fait de la femme « la porte par où le démon est entré dans le monde[40]. » Les bulles pontificales *Vox in Ram* (Grégoire IX, 1233) et *Super Illius Specula* (Jean XXII, 1326) confirment le « tournant démoniaque[41] » de la culture médiévale qui voit se lever au sein des études scolastiques un courant démonologique,

---

38 Saint Augustin, « Du Symbole. Discours adressé aux catéchumènes. Chapitre I : le symbole, règle de la foi », in *Œuvres philosophiques complètes*, *op. cit.*, p. 514.

39 Joaquim O. Bragança, « Le symbolisme des rites baptismaux au Moyen Âge : les rites d'admission au catéchuménat », *op. cit.*, p. 47-48.

40 Tertullien, *Traité de l'ornement des femmes*, Paris, M. Charpentier éditeur, 1844 [En ligne].

41 Alain Boureau, *Satan hérétique. Naissance de la démonologie dans l'Occident médiéval (1280-1330)*, Paris, Odile Jacob, 2004.

tandis que la Renaissance multiplie les moyens d'une persécution qui vise particulièrement les femmes. Le *Formicarius* (1436-1475) de Johannes Nider, dominicain et doyen de l'Université de Vienne, mais surtout le *Malleus Maleficarum* (1487), véritable synthèse de démonologie à l'usage des juges et des inquisiteurs, rédigé par deux dominicains allemands, Jacques Sprenger et Henri Institoris[42], dressent un portrait peu flatteur de la gent féminine, abandonnée à « la concupiscence de la chair et la passion charnelle qui est insatiable et inassouvissable chez elle[43]. » Quant à la psychanalyse freudienne, à la suite des travaux de Charcot, Janet et Breuer, elle a fait de la sexualité féminine le nœud métapsychologique « d'une théorie de la névrose qui coïncide avec la conception du Moyen Âge, une fois remplacé le "démon" de l'imagination cléricale par une formule psychologique[44]. » La « pulsion démoniaque[45] » qui a frappé le corps social médiéval au tournant du XIVe siècle n'a visiblement rien perdu de son inspiration originelle dans le cinéma de Dumont qui donne au mal le visage du diable, parfait miroir de ses aspirations mystiques déclarées deux ans plus tôt avec *Hadewijch*.

Tous les personnages de Dumont sont des mélanges de sainteté et de folie, d'exaltation et de mélancolie, d'illumination et de possession, mais ce sont surtout des composés d'histoire qui remontent le temps à contre-courant. Définitivement quittes avec la modernité de leur époque, ils sont souverainement contemporains des formes les plus impures de la mystique. Des survivants en somme. On ne confondra donc pas le régime si particulier de la pratique et du discours mystiques qui convient à la catéchèse spirituelle d'un Surin avec les actions si frustres et les mots si rares des personnages dumontiens. Mais on peut conserver une dette de gestes et de corps, toute une communion de symptômes qui témoignent d'une présence qui agit en eux. Les mystiques de tradition la reçoivent de Dieu, les mystiques de Bruno Dumont ne nomment jamais plus que le *Horla* d'un monde dont ils devinent le mystère. Leur

42 Henri Institoris, Jacques Sprenger, *Le Marteau des sorcières*, Paris, Éditions A. Danet, 1990.

43 Sur le *Malleus Maleficarum*, voir Éliane Camerlynck, « Féminité et sorcellerie chez les théoriciens de la démonologie à la fin du Moyen Âge : Étude du *Malleus Maleficarum* », in *Renaissance and Reformation / Renaissance et Réforme*, February / février 1983, New Series / Nouvelle Série, vol. 7, n° 1 (February / février 1983).

44 Freud (S.), « Charcot » (1893), in *Résultats, idées, problèmes*, vol. I, Paris, Puf, 1984, p. 72.

45 Sophie Houdard, « Du laboratoire scolastique aux formes modernes de la démonologie », *Les Cahiers du Centre de Recherches Historiques*, 37, 2006 [En ligne, 2011].

échappée ne répond qu'à une seule intention narrative, rappeler que le monde est mystère et qu'ils y ont une place. Plus près de nous, les deux films consacrés à Jeanne d'Arc donnent à la mystique une vision débarrassée de son dolorisme. Au ténébrisme moral de *Hors Satan*, *Jeannette* oppose l'illuminisme de sa passion juvénile. Ses deux Jeanne sont saisies d'espérance et de charité, là où quelques films plus tôt, Dumont recueillait encore le désespoir de Pharaon exposé au cadavre d'une jeune fille. Mais l'un et l'autre partagent une même conception sacrificielle de l'existence.

Il y a bien une voie étroite qui conduit de *L'humanité* à *Jeannette*. La révolte de Jeanne, dressée contre Dieu accusé d'indolence, lorsque ce n'est pas d'indifférence, puis contre les Anglais et les Bourguignons qu'elle entend défaire par les armes, achève la conversion du cinéaste aux vertus de l'action. Sa jeunesse, son inexpérience, son impréparation ne sont pas des explications apportées à sa conduite. Nous le verrons, son procès de réhabilitation a été l'occasion de renverser l'ordre des causes que son procès de condamnation avait d'abord retenues. Jeanne ignore tout du maniement des armes, mais elle veut se battre, fidèle aux voix qui commandent ses actions et assurée d'être « envoyée de la part de Dieu[46]. » Comme Péguy, Dumont est attiré par cette mystique sauvage et cette sainteté qui pousse « pour ainsi dire toute seule, simple et s'ignorant elle-même ; non point travaillée par des exercices, par des forcements de serre, mais littéralement en pleine terre, comme une fleur du pays, comme une plante vigoureuse et vivace, fille du terroir, naturelle en ce sens autant que surnaturelle[47]. » Comme lui, il sait que si l'étude des pères spirituels n'a plus cours, une mystique leur survit, buissonnante et mal taillée, dont il interroge les mouvements dans un siècle qui n'en veut pas.

---

46 Joseph Fabre, *Procès de condamnation de Jeanne d'Arc. Troisième interrogatoire public, samedi 24 février 1431*, Paris, Éditions Delagrave, 1884, p. 68.

47 Charles Péguy, « Prière d'insérer au Mystère de la charité de Jeanne d'Arc », in *Lettres et entretiens*, Cahiers de la Quinzaine, 1927, p. 203-204.

LE CRIME OU LE CŒUR RÉVÉLÉ DE LA VIE MYSTIQUE

> Les souffrances de l'amour m'ont tant consumée
> Qu'à présent plus rien je ne suis.
> Hadewijch D'ANVERS[1]

Nombreux sont les films de Dumont qui font de leur point d'abjection le lieu d'une illumination intérieure. La meurtre de Kader qui referme *La vie de Jésus*, le cadavre de la jeune fille qui ouvre *L'humanité*, consignent une même dette morale à laquelle sont rappelés les personnages. Si nul ne peut s'exempter d'un crime qui ramène l'homme à sa condition morale, c'est que le crime n'est pas l'envers ou le dehors de l'humanité. L'humanité est tout un et elle fait corps avec le crime. Avec ses deux premiers films Dumont a jeté les bases d'un cinéma dont le centre moral ne variera plus. Tout part de là et tout y ramène, tandis que chaque film, inlassablement, en sonde le fond ou les limites. *L'humanité* est le film des profondeurs morales, tandis que *Twentynine Palms* est celui des vastes étendues dont les lignes de fuite se sont brisées, mais l'un et l'autre, malgré leurs différences figuratives et narratives, se rejoignent pour tenter de saisir quelque chose de l'objection que l'irruption du mal adresse à l'humanité en quête de quelque point d'appui à sa perfectibilité morale. Si l'imputation de la responsabilité pénale permet de solder le crime sur son versant social en lui donnant une traduction juridique, ce dernier n'en demeure pas moins la forme excédentaire d'une vie morale qui inquiète l'idée même d'humanité. Dumont ne racontera qu'une seule histoire qui consiste à écrire les maximes d'un philosophe obsédé par la

1 Hadewijch d'Anvers, « Le combat pour l'amour, Chant XXXII », in *Amour est tout. Poèmes strophiques*, trad. Rose Vande Plas, Paris, Éditions Tequi, 1984, p. 131.

question du mal. Cette obsession s'est maintenue jusque dans la lutte de la jeune Jeanne d'Arc qui n'hésite pas à se révolter contre Dieu, accusé de retarder ses interventions dans les affaires humaines. Dès *La vie de Jésus*, Dumont élabore une méthode d'exposition narrative qui consiste à déposséder le récit de ses causalités logiques. À celui qui cherche des réponses comme on résout l'énigme d'un crime en découvrant le coupable et ses motivations, puis en remontant aux causes sociales et psychologiques qui pourraient en objectiver le sens – Freddy a-t-il tué Kader parce qu'il était jaloux, raciste, désœuvré ? – Dumont oppose la part insolvable de son indétermination morale. Si les causes particulières sont nommées, elles ne sont jamais tranchées, laissant Freddy seul avec un geste dont il ne sait que faire.

La psychologie et la sociologie du crime sont moins dénoncées qu'écartées, parce qu'elles laissent intacte une question qui déborde leur champ de compétence. Voilà pourquoi son naturalisme ne peut pas être zolien. Seul Zola suggère une science de l'homme qui viendrait se résoudre dans la littérature. Du geste meurtrier de Freddy, Dumont ne recherchera donc ni les raisons ni les circonstances que d'aucuns pourraient juger atténuantes ou aggravantes, il s'inquiète en revanche de la fragilité du lien moral qui situe Freddy au sein d'une communauté humaine limitée aux contours d'une petite ville du Nord. Sa marginalité n'est pas tant sociale ou économique que morale. C'est à peine s'il parvient à s'intéresser aux images du génocide rwandais qui passent à la télévision ou à comprendre le viol dont il se rend complice. Il faudra le meurtre de Kader et les questions du policier pour que se reforme l'exigence d'une responsabilité morale et que naisse une certaine manière d'être en soi pour l'autre, pour le dire dans le langage de la philosophie d'Emmanuel Levinas. Ce n'est pourtant pas d'être « réveillé » ou « possédé[2] » par la présence de l'autre qui pousse Freddy hors de lui-même, rompant la digue qui l'excluait du monde, mais les questions du policier qui réfléchit à voix haute un meurtre qui semble échapper à ses causes immédiates : « T'aimes pas les arabes ? T'es raciste ? On a pas idée de défoncer un jeune gars comme ça. Est-ce que tu es responsable seulement ? » s'interroge le policier. Freddy ne répondra à aucune des questions posées. Si les deux premières questions lui sont encore adressées, celle

2 Emmanuel Levinas, *Dieu, la mort et le temps*, Paris, Éditions Grasset & Fasquelle, 1993, p. 217.

qui suit ne lui est déjà plus destinée. Elle esquisse une méditation sur la responsabilité qui peut toujours hésiter entre deux registres, la morale et le droit, dussent-ils être articulés socialement et juridiquement. Être déclaré juridiquement responsable, c'est être reconnu sujet de ses actes et placé dans l'obligation de réparer les torts causés dans le cas du droit civil ou condamné à une peine si le délit ressortit au droit pénal. Mais cette responsabilité est elle-même placée dans la dépendance d'une responsabilité morale qui demande au sujet de se retourner sur ses actes afin qu'il juge de leur nature bonne ou mauvaise tout en reformulant son geste du point de vue d'autrui. En effet, le droit pénal ne reconnaît de responsabilité que d'individus moralement responsables. C'est ainsi que le tout premier Code pénal français (1791) a établi une morale de la responsabilité posant un individu libre et volontaire devant son crime.

Là où le droit s'inquiète de savoir si le sujet peut répondre de ses actes et comment ceux-ci peuvent être appréhendés dans la sphère des infractions et délits, la morale renverse la priorité donnée au sujet et considère la conduite depuis autrui. Une différence métaphysique sépare le droit de la morale en abandonnant à cette dernière une dette infinie qui, seule, justifie l'ouverture de la relation qui va de soi à l'autre : ni la hauteur ni le terme de la réparation ne sont exactement fixés lorsque la délibération morale revient au seul sujet dans son for intérieur. Comme le dit Emmanuel Levinas, « tout moi est élu : personne d'autre ne peut faire ce qu'il doit faire. C'est le sens du "et moi plus que les autres" chez Dostoïevski[3]. » C'est parce que l'autre agit à la manière d'un commandement qui n'a jamais été formulé, mais que je reconnais dans chaque visage, qu'il est possible de passer de l'imputation que retient le droit à l'assomption qui implique la morale[4]. Freddy n'ignore pas que tuer son prochain est un interdit qui vaut autant pour le droit que pour la morale, mais il ne le sait que de manière abstraite. C'est une loi partagée, et cependant vécue sans exigence ni pesanteur. Kader roué de coups et donné pour mort sera chargé sur le capot de la voiture comme une bête, un gibier, un trophée que l'on ramène de la chasse. Pourtant, si Freddy a tant de mal à reconnaître en Kader l'humanité qui les rassemble, cela tient en définitive moins à son altérité et à ses origines arabes qu'à

---

3 *Ibid.*, p. 216.

4 Sur ce point voir, Eirick Prairat, « La responsabilité », *Le Télémaque*, Presses universitaires de Caen, 2012, 2, n° 42, p. 19-34.

sa propre indétermination morale. Voilà ce que retient Dumont de son personnage, voilà le nœud de ses fictions, le point de condensation de ses récits qui ramène l'humanité à son hypothèse morale.

Commencée sans Dieu, la mystique dumontienne a trouvé avec *Hadewijch* un nouvel élan qui lui a permis de formaliser son dialogue avec les sources chrétiennes. *Jeanne d'Arc* signe sa réconciliation et lui donne l'occasion de partager la sainteté de l'enfance, d'approcher cette « vertu surnaturelle d'humilité » que Simone Weil plaçait au cœur de l'action.

> Le génie réel n'est pas autre chose que la vertu surnaturelle d'humilité dans le domaine de la pensée. Au lieu d'encourager la floraison des talents, comme on se le proposait en 1789, il faut chérir et réchauffer avec un tendre respect la croissance du génie ; car seuls les héros réellement purs, les saints et les génies peuvent être un secours pour les malheureux. Entre les deux, les gens de talent, d'intelligence, d'énergie, de caractère, de forte personnalité, font écran et empêchent le secours[5].

C'est par un crime que le monde de Freddy, ce personnage à peine mieux dégrossi qu'un golem de la mystique juive, parvient à se délivrer de sa croûte d'argile. Dumont en reprend le motif qu'il place en ouverture de *L'humanité*, avançant un peu plus dans la voie ascendante d'une charité réparatrice. Le jugement est exclu des fictions dumontiennes, seule existe l'idée intraitable que le crime ne peut être exclu de la vie morale. Et c'est parce que « l'innocence des enfants est la plus grande gloire de Dieu » comme le dira Hauviette, ce personnage de Péguy livré à l'entièreté de sa tâche et de ses prières, soumise et confiante, qu'il n'existe pas de crime plus grand que celui qui ouvre *L'humanité*. Il porte en lui l'image d'une fin du monde, scénographiée depuis l'installation de Marcel Duchamp, *Étant donnés : 1° la chute d'eau 2° le gaz d'éclairage*, véritable pendant inversé du tableau de Gustave Courbet, *L'origine du monde*, dont il renouvelle l'image sur le corps de Domino. Tel est le *punctum saliens* d'un film qui fait dériver son personnage, navigant entre les contraintes du droit et les exigences spirituelles qui façonnent sa conduite. À celui-ci de veiller à l'homéostasie de la vie sociale, à celle-là d'instituer la vie humaine. Ce que veulent les films de Dumont, ce n'est pas la justice, mais la charité, non pas la réponse judiciaire du Code pénal, mais l'élan d'amour unitif.

5 Simone Weil, *Écrits de Londres et dernières lettres*, Paris, Éditions Gallimard, 1957, repris dans Les classiques des sciences sociales, p. 29.

RÉSURRECTION

L'homme est quelque chose, quelque chose de plus qu'un mécanisme homéostatique, quelque chose d'autre qu'un animal politique. Pour les Pères de l'Église l'homme trouve sa source dans « les actes du Sauveur », parce que « sa vie, sa mort et sa résurrection sont les sacrements de l'homme intérieur », parce que « tous ces gestes étaient mystiques et que c'est en nous qu'ils doivent trouver leur vérité[6]. » Annoncée au début du film par une petite reproduction de la *Resurrezione di Lazzaro* (Giotto, Église de l'Arena, Padoue, vers 1305, Fig. 7), la résurrection constitue l'horizon moral du film, son point de fuite spirituel vers lequel convergent toutes les lignes du récit. Freddy y est confronté dès la séquence de l'hôpital, mais il ne sait pas en lire le signe, il reste sourd à cette option encore trop dépendante d'une religion qui lui est parfaitement étrangère.

FIG. 7 – Bruno Dumont, *La vie de Jésus*, 1997.

Avec ses camarades d'infortune, face à cet ami qui a déjà tout d'un cadavre, le voilà tout à la fois démuni et interdit, privé de la moindre réponse qui pourrait relever le défi métaphysique que leur adresse la maladie de Cloclo. Cette résurrection est pourtant tout le destin de Freddy, elle est l'obstination d'un cinéaste qui refuse d'abandonner son

6 Henri de Lubac, *Corpus mysticum*, *op. cit.*, p. 217.

personnage à la fatalité de sa tragédie sociale. Dumont a donc choisi de rouvrir l'évangile de saint Jean, de repartir du chapitre 11 et d'en relire l'événement à partir de la fresque que lui a laissée un peintre florentin sur les murs de la chapelle Scrovegni à Padoue. Filmer sous le signe de Giotto c'est à la fois se rallier au réalisme – n'est-il pas le peintre qui abandonne la manière grecque que fustigeait Vasari ? – et conserver le symbolisme des formes qui doit préserver le mystère de sa description.

On doit à Jean-Luc Godard l'une des rares théories esthétiques de la résurrection qui, bien que formulée en dehors de tout cadre théologique, demeure fidèle à la leçon de saint Paul qui fixe la double détente de son interprétation. Ressusciter n'est pas une simple affaire de corps et de retour à la vie, parce que ce qui revient ne revient qu'en image. La résurrection demeurerait incompréhensible si elle devait être réduite à une simple recharge corporelle. Sans la visée sotériologique de la rédemption, elle livre les corps ressuscités au luxe d'une médecine divine. « Car comme tous meurent en Adam, tous revivront en Jésus-Christ » (1 Co, 15, 22), prévient l'apôtre de Tarse. Le Christ est un nouvel Adam formé au ciel et non plus sur terre, il n'est pas seulement vivant et rempli d'une âme vivante, il est rempli d'un esprit vivifiant qui fait de lui un corps spirituel (1 Co, 15, 45-47). Voilà donc ce qu'il faut entendre par résurrection, non pas le retour d'un corps ramené à la vie, mais sa gloire en image délivrée de la corruption qui le rend désormais incorruptible. À la question qui allait longtemps inquiéter les théologiens – « Mais quelqu'un me dira : En quelle manière les morts ressusciteront-ils, et quel sera le corps dans lequel ils reviendront ? » (1 Co, 15, 35) – saint Paul répond logiquement que c'est en image que les corps reviennent, parce que c'est selon l'image qu'ils ont été créés : « Comme nous avons porté l'image de l'homme terrestre, portons aussi l'image de l'homme céleste. » (1 Co, 15, 49.)

Alors qu'André Bazin ramène le cinéma à sa force de répétition qui donne « à la mort de Manolete une éternité matérielle[7] » – sa méditation ontologique sur l'image n'est jamais coupée de ses fondements théologiques (le saint Suaire) – Jean-Luc Godard juge du cinéma et de l'image d'après une théologie paulinienne dont il tire des conséquences

7 André Bazin, « Mort tous les après-midi. La course de taureaux », in *Cahiers du cinéma* n° 7, décembre 1951, repris in André Bazin, *Écrits complets I*, Édition établie par Hervé Joubert-Laurencin, Paris, Éditions Macula, 2018, p. 796.

esthétiques. Or si la proposition godardienne a souvent été réduite à la force poétique de sa métaphore, elle n'en demeure pas moins parfaitement justifiée épistémologiquement : l'image de cinéma relève d'une gloire d'image, survivance profane d'une économie raisonnée des manifestations souveraines du divin. Tout autres sont les résurrections, en définitive très peu nombreuses au cinéma – Carl Dreyer, Jean Cocteau, Carlos Reygadas ou Alice Rohrwacher pour les plus remarquables –, qui se prononcent pour un retour des morts parmi les vivants. La leçon paulinienne ne s'est pas perdue, du moins pas chez Dreyer et Reygadas. Comme l'a rappelé l'audience générale du pape Benoît XVI déclarant l'importance de la résurrection pour la christologie, « à elle seule, la Croix ne pourrait pas expliquer la foi chrétienne, elle resterait même une tragédie[8]. » Sans la résurrection la mort du Christ n'est rien, sans elle il serait impossible d'en tirer une indispensable justification donnant accès à la vérité de l'eschatologie. Inger d'*Ordet* et Esther de *Lumière silencieuse*, les deux personnages féminins de Dreyer et Reygadas, sont réellement mortes et réellement ressuscitées. Elles reviennent à la vie alors que tous les savaient mortes. Mort et résurrection sont des faits de nature qui communiquent grâce au merveilleux de la fable et répondent à la vérité du mythe.

Dans *La vie de Jésus* en revanche, la résurrection est tout autre, puisqu'elle est d'abord affirmée comme une parabole. Freddy n'est pas mort lorsqu'on le retrouve dans le champ après s'être enfui du commissariat. D'abord assis, replié sur lui-même, inquiet, Freddy se laisse brutalement aller à une fureur qu'il dirige contre lui-même, avant de s'abandonner face au ciel, se couchant dans l'herbe comme on dépose un gisant en plein air. Le soleil qui jusque-là l'éclairait crûment se voile brusquement, le couvre d'une ombre qui l'obscurcit au point que le spectateur se demande si ce n'est pas là le signe d'un fondu au noir qui achève le film. Mais Dumont poursuit la séquence et filme le mouvement des nuages avant de revenir à Freddy saisi en deux gros plans, l'un qui suit la course d'une fourmi sur son bras et le quitte sitôt rencontrée la feuille qui la remet sur sa route, l'autre qui nous livre un pouce couvert de terre, racine échappée de ses mains jointes. Ce sont les deux plans que Dumont choisit pour faire entendre

8 Benoît XVI, « L'importance de la christologie – L'importance décisive de la résurrection », *Audience générale*, mercredi 5 novembre 2008, Libreria Éditrice Vaticana.

les pleurs retenus du jeune homme. Au plan suivant, il se redresse et regarde droit devant lui, seul face à son crime qui relie le ciel et la terre et lui laisse entrevoir l'unité du monde dans lequel il n'a pas su prendre place. Tel est le dernier plan du film, un paysage flamand, une composition de peinture qui a quitté le monde de Giotto pour l'horizon des Flandres. En quelques plans, Dumont a filmé une mort et une résurrection. Freddy ressuscite, mais il le fait sans Dieu, sans une aide extérieure, dans l'ici-bas d'une terre d'où sortent les fourmis et dont est couvert son pouce. Là où s'allonger revient à mourir, se redresser indique le retour à la vie. Délaissant tout calcul psychologique comme toute rétribution morale – si Freddy pleure, on ignore à qui vont ses larmes et de quelle contrition elles sont faites – Dumont filme moins qu'il ne monte la rencontre d'un regard et d'un paysage. Ce cadavre allégorique reviendra dans son film suivant, *L'humanité*, accompagné des mêmes fourmis, jeté dans la même terre et cependant privé de résurrection cette fois. Le geste de Dumont n'est cependant pas religieux et sa résurrection a lieu sans témoin. Il n'y a personne, sinon les spectateurs, pour parler de miracle. Car c'est à eux qu'il s'adresse et pour eux qu'il a choisi de ne pas laisser choir son personnage. La route de Bailleul est son chemin de Damas. Tout y est, la chute de cyclomoteur, la lumière venant du ciel qui le touche et l'enveloppe sur le bord du chemin, le rappel de la persécution, l'écoute qui est ici affaire de regard. Le programme spirituel de Freddy est tout entier contenu dans le chapitre 9 des Actes des Apôtres : « Comme il était en route et approchait de Damas, une lumière venant du ciel l'enveloppa soudain de sa clarté. Il tomba par terre, et il entendit une voix qui lui disait : "Saul, Saul, pourquoi me persécuter ?". Il répondit : "Qui es-tu, Seigneur ? – Je suis Jésus, celui que tu persécutes. Relève-toi et entre dans la ville : on te dira ce que tu dois faire". » (Ac, 9, 3-7.)

Prévenons tout malentendu, si Dumont va vers les mystiques, comme il le dit en choisissant saint Bonaventure, ce n'est pas pour se faire mystique à son tour et rejoindre Dieu par le détour d'une foi libre de l'Église. Dumont n'est pas Péguy qui, profondément chrétien, n'en refusait pas moins les sacrements du mariage et du baptême pour ses enfants. Il ne voit en elle qu'une voie possible pour atteindre une vie morale dont le jugement est absent, l'héritage d'une charité qui n'a rien perdu de son pouvoir d'humanisation. Lorsque Dumont, dès son premier long-métrage, lance ces deux pentamètres, « regardez la terre, vous verrez le ciel[9] », comme le ferait un prophète adjugeant une vérité promise à quelques curieux venus voir son film, on a le choix pour tenter d'en expliquer le sens entre la théologie de saint Thomas d'Aquin ou la philosophie de Bergson. Du premier on retiendra l'idée que l'âme humaine n'est pas sans moyens pour connaître les réalités supérieures qui la dépassent et qu'elle peut s'« élever par les réalités matérielles à une certaine connaissance des réalités immatérielles[10]. » Dans le *De Veritate*, l'Aquinate décrit plus précisément les modes et les mouvements de l'âme qui se tourne vers Dieu. Il lui suffit alors, suivant la leçon d'Augustin sur les miracles, de regarder « les perfections invisibles de Dieu rendues visibles par le moyen de ses œuvres[11]. » Tel est le moyen le plus simple de quitter la terre pour le ciel. Du second, on conservera les conclusions du dernier chapitre des *Deux sources de la morale et la religion* dans lequel Bergson cherche à dialectiser la mécanique et la mystique, les deux tendances créatrices de l'invention humaine : « Les origines de cette mécanique sont peut-être plus mystiques qu'on ne le croirait ; elle ne retrouvera sa direction vraie, elle ne rendra des services proportionnés à sa puissance, que si l'humanité qu'elle a courbée encore davantage vers la terre arrive par elle à se redresser, et à regarder le ciel[12]. » Ne cherchons pas dans la mystique une simple compensation spirituelle donnée pour soulager une humanité affligée par des maux mécanistes, nous dit Bergson, ses rapports à la mécanique sont d'une autre nature. L'*homo faber* est un être social composé d'énergies fossiles et morales qui ont façonné plus d'un récit contrarié : tantôt manquait la force morale nécessaire pour corriger l'inflation industrieuse dans laquelle s'abîmaient tant d'hommes et de femmes, tantôt on faisait de la morale l'aiguillon d'un mysticisme trempé dans l'acier du nationalisme. À chaque fois on se trompait, à chaque fois on manquait ce fait que Bergson a jugé essentiel, une juste réciprocité entre l'élan de la mystique et l'action de la mécanique, si

9 « Le cinéma c'est ce qui permet de faire place à l'extraordinaire dans l'ordinaire, et de laisser percevoir ce qu'il y a de divin chez les humains, de l'éprouver. C'est ce qui rapproche le cinéma de la mystique. » Bruno Dumont, *La vie de Jésus*, Dossier de presse, 1997.

10 Saint Thomas d'Aquin, « Question 88 – Comment l'âme humaine connaît-elle les réalités supérieures à elle ? », art. 2, *Somme théologique*, tome I, édition numérique.

11 Saint Thomas d'Aquin, *De Veritate*, trad. André Aniorté, O.S.B, moine de l'Abbaye sainte Madeleine du Barroux, 2005-2008, Éditions Projet Docteur Angélique.

12 Henri Bergson, *Les deux sources de la morale et de la religion*, *op. cit.*, p. 380.

c'est bien la première qui donne l'impulsion nécessaire aux effets de la seconde, dont elle reste dépendante lorsqu'elle souhaite jouir de ses facultés. À l'humanité de se « demander ensuite, dira Bergson, si elle veut vivre seulement, ou fournir en outre l'effort nécessaire pour que s'accomplisse, jusque sur notre planète réfractaire, la fonction essentielle de l'univers, qui est une machine à faire des dieux[13]. » La vie est ainsi parcourue par deux forces solidaires dont ni le sens, ni la valeur, ni le point d'application ne sont exactement définis, mais dont l'action peut être dirigée vers une fin dont il espère qu'elle pourrait réconcilier l'homme avec lui-même.

Bergson écrit après la Première Guerre mondiale, il se défie d'un attachement excessif à la patrie et ne conçoit de solution que d'un amour de l'humanité. Dumont le dit à sa manière et l'applique au cinéma : « Tout l'outillage du cinéma, c'est de la mécanique, ce sont des rails, des problèmes optiques… Ce ne sont que des problèmes de mécanique. Je pense que le problème de l'acteur, c'est un problème mécanique. Il doit régler des trucs, mais, en fait, c'est une aspiration spirituelle. Il n'y a pas d'autre façon d'aborder le spirituel, mais le spirituel n'apparaît jamais au moment du tournage, c'est au moment du rush[14]. » Il en a donné une allégorie très maîtrisée dès la deuxième séquence d'*Hadewijch*. On y découvre une grue installée dans la cour de l'abbaye du Mont des Cats dont on suit les mouvements mécaniques dirigés par un personnage, véritable maître des élévations chargé de coordonner le ballet des matériaux entre la terre et le ciel. Si cette séquence permet d'introduire David – elle ne serait en somme qu'une banale scène d'exposition – la grue en déplace le sens en imposant un changement d'échelle qui diminue la part de l'homme et monumentalise la machine. Cette scénographie peut se lire d'après Bergson. En effet, ces quelques plans qui découvrent David occupé à diriger le grutier sont une traduction à peine voilée des conclusions du texte bergsonien : « L'homme ne se soulèvera au-dessus de terre, que si un outillage puissant lui fournit le point d'appui. Il devra peser sur la matière s'il veut se détacher d'elle. En d'autres termes, la mystique appelle la mécanique[15]. »

13 *Ibid.*, p. 387.
14 Bruno Dumont, « Complexifier la mystique par la mécanique », *op. cit.*
15 Henri Bergson, *Les deux sources de la morale et de la religion*, *op. cit.*, p. 378.

Telle est la clause matérialiste du film, le contrepoids aux aspirations incorporelles de Céline qui, maltraitant son corps, n'imagine pas d'autres liens à Dieu que les pures élévations de l'âme. Aux prières de la novice pressée d'étreindre son bien-aimé, succèdent les médiations de l'appareil de levage. L'élan mystique n'est possible qu'à partir d'un corps social dont il faut apprendre à diriger les pesanteurs. David ne fait pas autre chose, il guide le grutier depuis le sol et redonne de la grâce à la machine. Comprenons, elle coopère à l'effort mystique.

LA SAINTETÉ AGISSANTE

Mystique et spiritualité sont souvent données pour synonymes. On leur prête une même intériorité, une même activité de l'âme que l'on confond avec l'esprit. Certes la mystique est un style, une manière de vivre une passion divine qui a ses « nuits[16] » et ses élancements que l'on pourrait être tenté de replacer dans les voisinages de la spiritualité. Pourtant Henri de Lubac nous a prévenus, « le mot de spiritualité connote le Saint-Esprit [...] et n'a de signification que chrétienne[17]. » Quiconque veut s'essayer à une définition doit repartir du *spiritus*, du souffle et de la visitation de l'Esprit. Tout vient d'en haut comme dans une Pentecôte. À la voie descendante de l'une qui impose une cohabitation vivifiante – « Dieu est esprit, et il faut que ceux qui l'adorent, l'adorent en esprit et en vérité » (Jn 4, 24) – correspond la voie ascendante de l'autre qui obéit aux aspirations qui se tendent vers Dieu. La vie mystique n'est pas moins spirituelle que celle qui tire sa loi de l'Esprit réglant la vie chrétienne, mais elle est conditionnée par une hypothèse surnaturelle sur le monde dont dépend sa pratique contemplative, ses techniques et ses exercices, ceux-là mêmes qu'Ignace de Loyola nommait sans se contredire « spirituels ». La prévalence accordée au cœur sur l'esprit, associée au souci d'une vie intérieure dégagée de son énergétique, ont progressivement imposé

16 Michel de Certeau, *La fable mystique, I, op. cit.*, p. 26.

17 Henri de Lubac, « Préface », in André Ravier, *La mystique et les mystiques*, Paris, Éditions Desclée de Brouwer, 1965, p. 11-12.

l'idée d'une spiritualité plus universelle, moins dépendante de ses principes chrétiens. Elle est même parvenue à surmonter l'opposition qui, jusqu'au Concile de Trente, avait cours entre théologie ascétique et théologie mystique. La spiritualité se partage, elle est le fait de tout homme qui se reconnaît une vie intérieure distincte de sa vie sociale, là où la mystique indique la voie plus étroite d'une union du sujet et du monde.

Il ne faut pas croire que le tournant grotesque de son œuvre, qui touche aussi bien ses films de cinéma – *Ma Loute* – ou de télévision – *P'tit Quinquin* –, l'ait éloigné de sa mystique. Non seulement sa métaphysique y trouve de nouveaux développements, mais l'adoption de cette catégorie esthétique rend plus sensible encore son filigrane politique. Ces films retrouvent la violence des rapports de classes du cinéma politique des années 1960 et 1970 : la critique a eu raison de rappeler le *Porcile* (1969) de Pier Paolo Pasolini. La sainteté n'exclut pas l'action, telle était la double leçon de Bergson et Péguy. Dumont en retrouve l'élan. Les dissemblances qui pouvaient encore séparer Pharaon de Winter de Jeanne d'Arc s'estompent : l'un et l'autre vivent une même passion aimante qui les force à agir. Celle-ci puise à la source de cet amour pour lutter contre les Anglais, celui-là engage obstinément la force brute de sa charité. Jeanne et Pharaon sont saints, semblables mais différents, chacun selon l'époque, pareils à ceux que Simone Weil imaginait et attendait : « Aujourd'hui ce n'est rien encore que d'être un saint, il faut la sainteté que le moment présent exige, une sainteté nouvelle, elle aussi sans précédent[18]. » Voilà ce que Dumont invente, les saints dont l'époque a besoin, dût-il les exposer aux illusions de l'action militante. Son Hadewijch modernisée ajoute aux poèmes strophiques de la poétesse brabançonne les sourates d'un Coran appris trop vite et ne comprend que trop tard l'impasse d'une action privée de son inspiration. Jeanne d'Arc est sa version réconciliée. Celle qui ne se détourne pas de Dieu peut lever une armée, livrer bataille et tenir tête à ses juges. Pourtant, privée des œuvres qui alimentent sa vie spirituelle, Camille Claudel s'affaiblit dans l'inaction à laquelle la condamne son internement. Elle meurt de ne pas agir. Bergson lui-même s'est étonné du sort que l'on a réservé aux

18 Simone Weil, « Lettre au Père Perin », 26 mai 1942, in *Attente de Dieu*, Paris, Éditions du Seuil, 1977, p. 81.

mystiques : « Quand on prend ainsi à son terme l'évolution intérieure des grands mystiques, on se demande comment ils ont pu être assimilés à des malades[19]. » On comprendra sans doute mieux pourquoi la comédie musicale fut la seule option possible pour sa *Jeanne d'Arc*. Il faut chanter pour s'élever.

Penser la mystique dumontienne demande que l'on s'affranchisse de la loi du genre, parce qu'elle est avant tout tenue par une option phénoménologique capable de donner à voir et à entendre le monde comme mystère, c'est-à-dire comme forme excédentaire. Ne compte que le débordement moral qui soustrait les actions humaines aux coordonnées sociales du monde dans lequel elles se déploient. De ce point de vue, le genre cinématographique n'est pas un obstacle à la mystique de Bruno Dumont. Il ne cherche d'ailleurs pas à lutter contre une forme souvent dénigrée pour les contraintes esthétiques qu'elle impose, lorsqu'elle n'est pas jugée indigne du cinéma d'auteur, il l'allège de ses propriétés normatives jusqu'au moment où le genre redevenu cette disposition *a priori* à partir de laquelle une fable peut se dire l'égale d'une autre, son monde d'actions peut enfin se frayer un chemin vers le mystère qui les contient toutes. Ce n'est pas le réalisme de ses fictions qui informe les mondes dumontiens : leurs coordonnées véritables sont mystiques. Dissimulées et cependant agissantes, elles règlent la grande connectique de sa mécanique universelle.

> Je pense, dit Bruno Dumont, que la mystique se situe là, en fait, dans l'organisation, dans l'accord qu'on peut établir entre ce qui est divisé au départ. Parce que le cinéma est un travail de destruction du temps : on coupe sans arrêt. On fait des plans, puis on essaie de reconstruire quelque chose d'uni avec ce qui est fragmenté. C'est une fragmentation qui aspire à l'unité, et la mystique c'est ça, c'est retrouver à travers ce qui est divers une unité humaine que l'on ressent intuitivement. Donc, si déjà dans la méthode, dans la mise en scène et dans la façon de travailler, vous aspirez à une unité, qui est le film lui-même, à une espèce d'unité finale, c'est déjà une méditation… qui est sans fin[20].

L'écart qui pourrait séparer l'expérience esthétique de l'expérience mystique est à peu près nul. Ce que dit Dumont se retrouve aussi bien chez

19 Henri Bergson, *Les deux sources de la morale et de la religion*, *op. cit.*, p. 299.
20 Bruno Dumont, « Complexifier la mystique par la mécanique », *op. cit.*

les grands artistes – toute sa vie S.M. Eisenstein a cherché leur point de recouvrement –, que chez les grands mystiques – sainte Thérèse d'Avila n'a cessé de nourrir son imaginaire mystique de visions artistiques. Ainsi lit-on chez la carmélite le récit d'une vision qui confond les deux régimes d'image :

> La première année que je fus prieure à l'Incarnation, au moment où l'on commençait le *Salve*, la veille de la Saint-Sébastien, je vis la Mère de Dieu entourée d'une nuée d'anges descendre du ciel et se placer à la stalle de la Prieure, là où se trouve l'image de Notre-Dame. Il me sembla alors que je ne vis plus le tableau, mais Notre-Dame elle-même qui ressemblait, je crois, un peu à l'image dont la comtesse m'avait fait présent[21].

À bien des égards, c'est encore la musique telle que la conçoit Bergson qui renseigne le mieux la mystique de Dumont. On croit à tort que les sentiments éprouvés par celui ou celle qui se laisse aller à écouter de la musique lui viennent directement de celle-ci, alors que tout se passe comme si c'était la musique elle-même qui nous introduisait « plutôt en eux, comme des passants qu'on pousserait dans une danse[22]. »

> Il nous semble, pendant que nous écoutons, que nous ne pourrions pas vouloir autre chose que ce que la musique nous suggère, et que c'est bien ainsi, que nous agirions naturellement, nécessairement, si nous ne nous reposions d'agir en écoutant. Que la musique exprime la joie, la tristesse, la pitié, la sympathie, nous sommes à chaque instant ce qu'elle exprime. Non seulement nous, mais beaucoup d'autres, mais tous les autres aussi. Quand la musique pleure, c'est l'humanité, c'est la nature entière qui pleure avec elle[23].

Ghislain Waterlot l'a dit à propos de la mystique de Madame Guyon (1648-1717) : « La libération mystique consiste précisément, pour la personne, à vivre la désaliénation en se laissant happer par un mouvement qui la dépasse, mouvement par lequel elle se trouve à la fois abolie et accomplie[24]. » Seule Céline sera sauvée *in extremis*, miraculeusement ressuscitée. Camille n'aura pas cette chance, tandis que Jeanne n'échappera pas au

21 Thérèse d'Avila, *Cuentas de conciencia*, 19 janvier 1572, cité par Victor I. Stoichita, *L'Œil Mystique. Peindre l'extase dans l'Espagne du Siècle d'Or*, Paris, Éditions du Félin, 2011, p. 70.

22 Henri Bergson, *Les deux sources de la morale et de la religion*, *op. cit.*, p. 117-118.

23 *Ibid.*

24 Ghislain Waterlot, « Exprimer la vie absolue. L'expérience mystique comme problème littéraire et philosophique dans l'œuvre de Bergson », in Lydie Parisse (dir.), *Le discours mystique dans la littérature et les arts de la fin du XIXe siècle à nos jours*, *op. cit.*, p. 113.

bûcher. Mais elles ont laissé un témoignage, une leçon, un modèle. Ce que l'on découvre en rapprochant les personnages dumontiens de ces trois femmes exceptionnelles, c'est que la mystique n'est pas affaire de prières ou de récitations. Dieu lui-même n'est pas nécessaire. Le texte de Péguy a agi comme une libération, ouvrant la voie d'un cinéma de plain-chant.

Dumont retrouve le jeune Wittgenstein découvrant que « le miracle, esthétiquement parlant, c'est qu'il y ait un monde. Que ce qui est soit (*Carnets*, 20.10.16). » À ceci près qu'un tel miracle n'est donné que par le détour d'un événement qui en révèle le prix. La contrepartie de la révélation, c'est le crime. Dumont ne juge ni condamne Freddy, il cherche le moyen de le rendre au monde, de l'éveiller, de le sortir de sa nuit intérieure. Tel est le sens de sa résurrection qui advient à la manière d'une illumination. Le paysage n'est d'ailleurs pas la cause de ce secours gracieux inattendu, il est plutôt le point d'appui qui lui permet de se redresser, le contrechamp gratuit qui replace le crime dans la sphère spirituelle. C'est à peu de chose près le scénario moral qui ouvre *L'humanité*, mais il est donné sur son autre face. L'homme qui se jette à terre est un illuminé infusé de grâce, un être qui a fait sienne la lettre de Matthieu (23, 12) et de Luc (14, 11) : « Quiconque s'élèvera sera abaissé, et quiconque s'abaissera sera élevé. » Pour Dumont les choses se présentent ainsi : un crime étant donné, comment l'inscrire dans la sphère morale de l'homme sans en souiller définitivement la nature, sans en condamner irrémédiablement la faculté d'agir. C'est en somme parce que le mal résiste aux causes qui le déterminent – il y a toujours un reste étranger aux raisons de sa résolution – qu'Emmanuel Kant a pu parler de mal radical, le rendant tout à la fois insondable et incorrigible. Vivre supposera donc de vivre avec un crime, c'est-à-dire avec une dette. De tous les crimes commis on a peut-être eu la chance de n'en commettre aucun, mais nous partageons leur existence dont dépend notre sentiment moral. Comme l'écrit Myriam Revault d'Allonnes, Kant a bien vu qu'il existe une limite où nous cessons de comprendre et qu'à ce titre « il faut renoncer à tout schéma "explicatif" : le mal commencé est toujours recommencé, le "jamais vu" est "déjà là" mais le déjà là est inscrutable *(unerforschbar)*[25]. » Ce scandale moral constitue l'arête métaphysique sur laquelle évoluent ses personnages. Ils n'ont pas d'autre chemin, pas d'autre voie où se tenir. Sans retour

25 Myriam Revault d'Allonnes, « Kant et l'idée du mal radical », *Lignes*, Éditions Hazan, 1994, 2 n° 22, p. 174.

possible, sans certitude sur les chances qu'il y a d'y parvenir, sans garantie non plus qu'une fois l'obstacle franchi ils y gagneront quelque chose. Il y a un fond d'augustinisme dans le cinéma de Dumont, un sentiment éprouvé et discuté par Augustin dans ses *Confessions* qui découvre que la conversion n'achève pas la vie morale et qu'elle demeure aux prises avec ce dont elle était prisonnière. La mauvaise volonté qui incline au mal n'a pas disparu, elle a simplement trouvé une résistance avec laquelle il lui faut désormais compter.

Dumont ne se demande pas d'où vient le mal : sa métaphysique, s'il en est une, n'est pas dirigée vers une origine ou un péché originel. Il ne cherche pas non plus à savoir d'où vient que nous faisons le mal : sa réflexion ne porte pas sur la liberté et sur notre aptitude à choisir le bien ou à respecter les prescriptions morales qu'une société s'impose. Non, il s'intéresse plutôt aux forces contraires qui rendent possible la lutte contre le mal, avec pour seul viatique cette intime conviction que nul ne peut s'exclure des crimes qui font trembler l'humanité et que de cette inclusion nécessaire naît une responsabilité qui exige que chacun puisse d'une manière ou d'une autre en répondre. Chez Dumont le crime sera l'agent de sa mystique. Souvent donné comme l'instrument d'une révélation, le crime s'est parfois imposé comme le terme d'une impossible expérience mystique. Comment ne pas penser à ce couple dont la quête amoureuse s'est enlisée dans une jouissance improductive (*Twentynine Palms*) ? Si sa mystique peut se passer de Dieu, elle ne peut se passer d'amour. Le mythe est une table d'orientation, une référence qui situe ses personnages, informe leurs gestes, renseigne leur volonté, nous donne tantôt à lire des combattants (*Hors Satan*, *Hadewijch*, *Jeannette* et *Jeanne*), des possédés (*Flandres, Twentynine Palms* et *Camille Claudel, 1915*) ou bien encore des illuminés (*La vie de Jésus* et *L'humanité*). De telles attaches éloignent le cinéma dumontien de tout réalisme social. Leur sociabilité s'inspire de formes d'existence qui résistent à toute enquête sociologique. Leur marginalité n'est cependant pas un obstacle pour se rendre disponible au monde, disponibilité qui gouverne l'hypothèse que Dumont a patiemment mise au point depuis plus de vingt ans. Le personnage principal de son dernier long-métrage, *France*, poussé au bord de lui-même, face à un paysage dont il découvre enfin l'ourlet mystique, rejoue cette position *princeps* à partir de laquelle tout commence. Et recommence, d'un film à l'autre.

LÉVITATION

La scène de lévitation de Pharaon (Fig. 8), dont le mouvement ascensionnel est conquis sur sa puissance d'image avant de s'imposer comme un phénomène surnaturel – le personnage monte dans l'image avant de s'élever de terre –, procède d'une double généalogie motivique.

FIG. 8 – Bruno Dumont, *L'humanité*, 1999.

L'une consigne une récurrence figurative qui rapproche *L'humanité* des quelques films qui ont osé figurer des corps flottants – *Théorème*, Pasolini, 1968 ; *Le Miroir*, Tarkovski, 1975 ; *Le temps des gitans*, Kusturica, 1988 – l'autre confirme une tradition mystique qui reconnaît la lévitation comme l'un des phénomènes psycho-physiologiques de l'expérience extatique aux côtés des effluves lumineux et odoriférants, de l'inédie et de la stigmatisation. Cette lévitation n'est pas restée sans suite dans l'œuvre de Dumont. On en retrouve une expression canonique dans *Jeannette*, reprise de l'iconographie sulpicienne qui avait déjà inspiré Georges Méliès (*Jeanne d'Arc*, 1900) pour mettre en scène les apparitions de saint Michel, sainte Catherine et sainte Marguerite. Quant à *Ma Loute*, le film en donne deux expressions opposées, l'une inspirée de l'ascension mariale – l'élévation d'Isabelle à proximité d'un Calvaire – l'autre imaginée sous des espèces grotesques – l'envol du commissaire Machin.

La lévitation de Pharaon a ceci de particulier qu'elle intervient sans témoin. Pharaon n'accomplit pas un prodige dont il pourrait tirer un bénéfice, il n'adresse à personne ce défi lancé aux lois de la gravitation : ce qui a lieu n'a lieu que pour lui et n'intervient qu'au terme d'un itinéraire spirituel douloureux. Son expérience pneumatique n'anticipe pas non plus le don d'agilité des corps glorieux que l'on prête aux saints et que l'on rencontre dans la littérature bollandiste, à l'instar de « Joseph de Cupertino, qui, voyant un jour des ouvriers fort embarrassés pour dresser une croix de mission très lourde, prit son vol aérien, saisit la croix et la planta sans effort dans le trou qui lui était destiné[26]. » Son élévation, enfin, ne relève d'aucune des causes que le positivisme du XIXe siècle a essayé de lui opposer. On ne trouvera ni « aspiration profonde de l'air dans les poumons », ni « force psychique inconnue » qui brise la pesanteur terrestre, ni, enfin, « intervention des esprits ou des âmes séparées[27]. » Son élévation demeure le geste d'une ultime conversion du cœur qui le prépare à recevoir le crime de Joseph. Délaissant l'énigme criminelle pour la question de son assignation morale, Pharaon s'élève au moment où son affliction se change en ravissement. La beauté d'une fleur tenue entre ses mains, le regard porté sur l'horizon, Pharaon s'absorbe dans le paysage comme l'extatique s'absorbe en Dieu.

Les relations de la littérature mystique insistent sur cet aspect : l'extase est préparée par un moment de contemplation infuse qui laisse l'extatique fixer quelque point invisible et place celui-ci dans un état de passivité nécessaire à la connaissance et à l'amour de Dieu qu'il ne fait que recevoir. Il n'est pas nécessaire à ce stade de transférer le noyau théologique de l'expérience mystique à un sujet qui se tient à l'écart de son mystère : l'expérience de Pharaon ne relève ni d'une intuition intellectuelle de Dieu ni d'une vision de l'indivisible Trinité. Il n'est pas nécessaire non plus de reprendre les dispositions mystiques de la théologie néothomiste qui, à l'instar de Réginald Garrigou-Lagrange, a défendu l'idée d'une vie mystique comprise comme l'épanouissement de la vie intérieure ordinaire persévérant dans la charité, par ailleurs ouverte à l'action de la grâce sanctifiante. Dumont n'a conservé de la mystique chrétienne que l'écorce phénoménologique d'un dispositif dont il a dégagé quelques traits

26 Adolphe Tanquerey, *Précis de Théologie ascétique et mystique*, Édition numérique par laportelatine.org. Fraternité Sacerdotale Saint Pie X, District de France, p. 1013.

27 *Ibid.*, p. 1014.

figuratifs susceptibles de décrire les bouleversements intérieurs d'une âme en crise. Il est à cet égard intéressant de s'arrêter un instant sur la scène qui voit Pharaon revenir sur les lieux du crime. D'abord recueilli sur le bord du chemin à l'endroit où fut découvert le corps de la jeune fille, enfermé dans une douleur contenue, Pharaon se met brusquement à hurler et à courir tout en traversant le champ jusqu'à sa clôture. Si on a surtout retenu son cri prolongé et souligné sa dépendance figurative au tableau d'Edvard Munch (1893), on s'est en définitive peu interrogé sur le sens de sa course à travers champ. Le père sulpicien Adolphe Tanquerey a donné une description raisonnée des phénomènes extatiques dans le précis de théologie ascétique et mystique qu'il a écrit au début du XXe siècle.

À côté de la lévitation comprise comme « un phénomène en vertu duquel le corps se trouve soulevé au-dessus du sol et s'y maintient sans aucun appui naturel : on l'appelle alors l'extase *ascensionnelle*[28] », la science surnaturelle de l'ascétique chrétienne connaît aussi « le *vol extatique*[29] » qui transforme le corps en cerf-volant – on en retrouvera la formule dans *Ma Loute* – ou « la *marche extatique*[30] » qui lance le corps dans un mouvement irrésistible. Par ailleurs, si l'extase peut conduire à la joie ineffable, elle est souvent accompagnée d'épreuves et d'intenses douleurs qui épuisent l'âme. La théologie mystique y a mis bon ordre, distinguant en une subtile progression les états spirituels de l'extatique qui passe de l'ombre à la lumière, de l'imperfection à la pureté, de la faiblesse à la force. Saint Jean de la Croix en a donné la description dans la *Nuit obscure* : « La purification passive des sens est commune, elle se produit chez le grand nombre des *commençants*… Les *progressants* ou *avancés* se trouvent dans la voie *illuminative*, c'est là que Dieu nourrit et fortifie l'âme par *contemplation infuse*[31]. » Cette didactique spirituelle est composée pour rassurer et pour prévenir le découragement de ceux qui pourraient fléchir pendant les préparatifs de leur ascension spirituelle. Dumont a lui aussi songé à préparer les étapes du cheminement intérieur de son personnage. Il a en effet soigneusement distingué les efforts consentis pour vaincre physiquement la pesanteur terrestre – Pharaon se retourne après avoir réussi la grimpée d'une petite côte à vélo – de la grâce qui,

28 *Ibid.*, p. 1013.
29 *Ibid.*
30 *Ibid.*
31 Saint Jean de la Croix, *Nuit obscure*, l. I, ch. VIII, ch. XIV.

sans effort, l'élève du sol et le dispense de la gravité terrestre. Or c'est entre ces deux scènes que se situent le cri et la course de Pharaon, entre une action de la volonté qui réclame un engagement physique et une disposition de l'âme qui sait se rendre disponible. Cette courte scène est sa nuit d'angoisse, son moment de désespoir et de révolte. Pour autant, ce n'est pas la nuit mystique qui oriente la vie spirituelle d'un saint Jean de la Croix : elle ne s'y soumet pas. Éloignée des « miracles aérostatiques » de l'hagiographie populaire, cette lévitation n'est pas la version modernisée d'une ascension secrètement chrétienne.

> Il arrivait souvent aussi à saint Philippe de Néri, écrit Edward Burnett Tylor, durant ses extases, de s'élever à plusieurs toises de terre, et il était alors environné d'une lueur brillante. Saint Ignace de Loyola déclare avoir été enlevé à environ deux pieds de haut, dans des circonstances identiques. Aussi faut-il prendre, non au sens figuré, mais au sens réel, ces expressions que nous rencontrons dans la légende de divers dévots ascètes, et qui se lisent dans la vie de saint Dominique, de saint Dunstan, de sainte Thérèse et autres saints moins connus[32].

Dumont ne force pas son personnage à la sainteté, mais il reprend de son vocabulaire le matériel figuratif d'une expérience morale dont il cherche l'édification profane. Si Edward Burnett Tylor, en bon anthropologue, choisissait de contourner « la question de savoir ce qui peut être vrai ou faux des prétendues possessions, des oracles rendus par les morts, de la double vue, des extases, des objets en mouvement et des suspensions aériennes[33] », pour leur préférer « l'histoire de la croyance aux esprits, considérée en tant qu'opinion[34] » qui, seule, intéresse la recherche « des survivances de l'ancien état social[35] », Dumont, lui, en cinéaste, reprend de la mystique le principe surérogatoire de l'amour oblatif. Ses compositions atmosphériques de corps flottants ne sont pas les imitations d'une mystique qui indiquerait la voie d'un christianisme refoulé ou la dette d'un christianisme sécularisé conduit jusqu'aux limites du grotesque dans *Ma Loute*, elles relèvent plutôt d'une restauration profane qui juge

---

32 Edward Burnett Tylor, *La civilisation primitive*, tome I, trad. de l'anglais pour la deuxième édition (1873) par Pauline Brunet, Paris, Ancienne Librairie Schleicher, Alfred Cortes Éditeur, 1920, p. 166.

33 *Ibid.*, p. 169.

34 *Ibid.*

35 *Ibid.*, p. 170.

Dieu superfétatoire. L'esthétique de Dumont n'a rien d'ambigu, elle ne relève ni d'un christianisme contrarié ni d'une philosophie moralisée, elle repose fermement sur une charité combattante qui tantôt milite pour une réponse oblative au mal (*L'humanité*), tantôt lui préfère une lutte inflexible dont les formes varient de l'exorcisme (*Hors Satan*) à la guerre (*Jeannette*).

Il y a du saint Paul dans la charité dumontienne. Il n'est pas difficile d'en retrouver les sollicitations dans le chapitre 13 de la première épître aux Corinthiens. Il n'est pas difficile non plus de lire *L'humanité* depuis la résurrection de Freddy qui achève *La vie de Jésus*. Mais si l'apôtre de Tarse fait de la charité « la plus excellente » des trois vertus théologales, c'est parce qu'elle est celle qui accomplit la Loi de l'Ancien Testament et instaure la justice du Christ : « car Jésus-Christ est la fin de la Loi. » (Ro, 10, 4.) Or tout l'œuvre de Dumont est à lire comme une lente émancipation de la dogmatique chrétienne, repoussant la langue de la théologie pour n'en conserver que le filtre spirituel. Dumont n'a besoin ni du Fils, ni du Père, ni de l'Esprit saint pour penser sa réponse morale au mal universel, seul compte l'appareillage figuratif de la mystique qui concède un lien nécessaire entre les formes passées de l'anthropologie chrétienne et le projet politique des Temps modernes.

UNE EXTRÊME FAIBLESSE, UNE FORCE IRRÉSISTIBLE

La mystique chrétienne se cherche une voie vers Dieu, Dumont, lui, repart de l'homme et de cette irrésistible mécanique qui le met en mouvement. La marche matutinale de Pharaon de Winter, ferme et volontaire, est pourtant brutalement interrompue par un mouvement qui le jette à terre. Comment comprendre cette énigme figurative sinon comme un geste d'humiliation qui contient déjà l'image d'une étreinte mystique ? S'il ignore encore que la force qui pousse son personnage possède la détermination des personnages de Péguy, il sait déjà, comme l'auteur du *Mystère de la charité*, que leur faiblesse n'est qu'apparente et que leur foi est « indomptable ». Paul Claudel a redouté la folie de sa sœur parce qu'elle lui ressemblait : « J'ai tout à fait le tempérament de ma sœur, quoiqu'un peu plus mou et rêvasseur, et sans la grâce de Dieu, mon histoire aurait sans doute été la sienne ou pire encore[36] », écrit-il dans une lettre datée du 26 février 1913. Bruno Dumont en a fait sa nourriture spirituelle. La folie de ses personnages a beaucoup à voir avec la sensibilité des « vrais mystiques » dont parlait Bergson, ceux qui « s'ouvrent simplement au flot qui les envahit. Sûrs d'eux-mêmes, parce qu'ils sentent en eux quelque chose de meilleur qu'eux, ils se révèlent grands hommes d'action, à la surprise de ceux pour qui le mysticisme n'est que vision, transport, extase[37]. » Le Dieu de Paul Claudel est sans prise sur sa sœur Camille, abandonnée à des forces qui la débordent. Elle finira folle, privée des moyens de son art, mystique sans œuvre ni repos. S'il lui faut attendre *Hadewijch* pour affronter Dieu, Dumont n'en conçoit pas moins ses personnages à partir d'un même « courant qui irait de leur âme à Dieu et redescendrait de Dieu au genre humain[38]. » Les deux films qu'il a consacrés à Jeanne d'Arc sont le point d'arrivée d'un itinéraire qui s'écrit depuis Péguy. À une spectatrice de *La vie de Jésus* qui disait ne pas voir le lien qui unit le film à Dieu, Dumont répondait : « cherchez encore. » Ce qu'il ne dit pas, c'est que son film est une étude, un commencement. Qu'elle se rassure, son œuvre est une quête, une recherche qui n'a ni terme ni préavis. Car enfin, on ne filme que pressé par ce que l'on ignore. N'est-ce pas « à la pointe de son ignorance[39] » qu'il faut s'installer si l'on a quelque espoir de faire quelque découverte ? Tous ses films s'adressent à cette unique spectatrice. Elle est son seul et véritable allocutaire. Jamais, sans doute, ne lui avait-on posé de question plus décisive, plus urgente. Il n'y en a pas d'autre. Toutes les questions savantes qui lui ont été posées après, toutes celles qui ont cherché ici-bas des réponses qui viennent d'en haut, sont demeurées subsidiaires, partielles, définitivement contingentes.

Des drames de la mystique chrétienne, les personnages dumontiens ignorent à peu près tout – Hadewijch ne confesse pas une doctrine, elle témoigne d'une vérité dont Dumont a retrouvé les traces dans la littérature des béguines flamandes – mais leur passion morale les rassemble

36 Paul Claudel, *Chroniques du Journal de Clichy, Correspondances*, Paris, Éditions Les Belles Lettres, 1978, p. 115.

37 Henri Bergson, *Les deux sources de la morale et de la religion*, *op. cit.*, p. 175.

38 *Ibid.*, p. 131.

39 Gilles Deleuze, « N comme Neurologie », in *L'Abécédaire*, avec Claire Parnet et Pierre-Henri Boutan, 1996.

sur un même théâtre spirituel où, débarrassés des forces bien nommées qui répètent exercices et prières, ils rejouent un moment de révolte et de grâce dans l'ici-bas des affaires humaines. Comment comprendre l'action salvifique qu'endosse Jeanne d'Arc sinon comme leur plus sûre justification ? Au moment où il tourne son premier film, Dieu est déjà beaucoup plus qu'une référence culturelle et déjà bien autre chose que le solde esthétique d'une religion chrétienne réduite à son catalogue d'images. C'est parce qu'il sait qu'on ne filme jamais que pour mettre des images sur ce que l'on ne peut nommer que la mystique est le cœur esthétique de son réalisme.

LES VERTUS ESTHÉTIQUES DE LA PROFANATION

> Pure, profane, libérée des noms sacrés est cette chose qui se voit restituée à l'usage commun des hommes.
> Giorgio AGAMBEN[1]

LA VOIE MODERNE DES MYSTÈRES

Charles Péguy a toujours considéré sa première *Jeanne d'Arc* comme un texte écrit pour la scène. Il s'est par ailleurs persuadé très tôt que le mystère médiéval convenait à sa pièce, mais ce n'est qu'en 1909 qu'il envisage d'en donner une représentation à l'occasion des fêtes johanniques qui doivent se tenir l'année suivante à Orléans, sa ville natale. Les choses ne se feront pas, mais elles l'engagent à réécrire son texte, à quitter la révolte socialiste de la première Jeanne d'Arc pour l'espérance chrétienne du *Mystère de la charité de Jeanne d'Arc* qui paraît le 16 janvier de la même année. Le mot mystère, désormais inscrit au fronton de l'œuvre, sera repris pour les deux œuvres suivantes, *Le Porche du mystère de la deuxième vertu* et *Le Mystère des saints Innocents.* Le prière d'insérer que Péguy a rédigé pour les éditions Plon qui publient le premier *Mystère* en 1910 ne laisse aucun doute sur ses attentes : le fondateur des *Cahiers de la Quinzaine* entend tirer le mystère médiéval de son purgatoire. Il veut un théâtre populaire et chrétien susceptible de faire retentir la parole de Dieu, un théâtre capable de rivaliser avec la tragédie antique. La scène sera le nouveau parvis du temple.

---

1 Giorgio Agamben, « Éloge de la profanation », in *Profanations*, Paris, Éditions Rivages poche, 2006, p. 96.

On le sait, c'est en converti et en dramaturge que Péguy s'avance vers sa deuxième *Jeanne d'Arc*. Si son retour aux mystères chrétiens n'est pas isolé, ils ont accompagné l'œuvre de Claudel, Piscator ou Brecht et n'ont pas disparu de la scène contemporaine, que l'on songe aux *Variations Goldberg* de George Tabori ou aux *Quatre Actes profanes* d'Antonio Tarantino, son projet a ceci de commun avec celui de Claudel que la modernisation théâtrale y est inséparable d'une vocation spirituelle rapprochée d'un christianisme militant. Leur manière d'être chrétien et de prendre part à la vie politique les oppose, mais une même conviction les rapproche : les drames liturgiques et les mystères médiévaux[2] leur inspirent une foi réhaussée d'une dimension surnaturelle qui manque au monde moderne. *L'Annonce faite à Marie* est publiée en 1912, mais sa genèse est contemporaine de la première *Jeanne d'Arc*. Claudel en écrit une première version en 1892, *Jeune fille Violaine*, qui attendra vingt ans avant de changer de titre au terme d'une troisième version. L'œuvre en comptera cinq, la dernière date de 1948. Or l'un et l'autre trouvent dans le genre des mystères une forme théâtrale imprégnée de la foi nécessaire à leur apostolat littéraire. Il importe peu que ces derniers soient allégés de leur catéchisme monumental, seule compte la survivance d'un imaginaire théâtral qui laisse espérer la pureté d'une inspiration surhumaine. Cette modernisation fut d'autant plus libre que le mystère médiéval a été pour l'essentiel inventé par les historiens du Moyen Âge du XIXe siècle.

Comme le rappelle Anne Ducrey dans l'article de synthèse qu'elle a consacré au sujet, leur nomenclature ne reposait « sur aucun critère générique à proprement parler, mais sur l'idée que l'on se fait du mystère, et sans doute aussi du Moyen Âge, ce qui explique peut-être la variété des formes et des pratiques auxquelles renvoient les usages modernes de l'appellation mystère[3]. » En d'autres termes, le mystère était un genre suffisamment mal établi pour pouvoir se prêter à d'incessantes réinventions. Choisir les mystères pour Péguy, c'est donc tout à la fois souscrire à une forme théâtrale qui maintient sur son écriture la mémoire d'une

2 Mireille Losco-Lena, « Mystère de la Passion dans les dramaturgies contemporaines : jeux de références, dramaturgie, idéologie », in Anne Ducrey et Tatiana Victoroff (dir.), *Renaissances du Mystère en Europe : Fin XIXe siècle-début XXIe siècle*, Presses Universitaires de Strasbourg, 2015.

3 Anne Ducrey, « Le mystère au Moyen Âge : élaboration d'un genre ou problème de terminologie ? », in Anne Ducrey et Tatiana Victoroff (dir.), *Renaissances du Mystère en Europe : Fin XIXe siècle-début XXIe siècle, op. cit.*

foi agissante et consentir à quitter le cadre simplifié de sa dramatique pour les subtilités de la théologie mystique. Tous les commentateurs qui se sont penchés sur son œuvre l'ont dit, *Le Mystère de la charité de Jeanne d'Arc* s'est écarté du genre médiéval, là où la *Jeanne d'Arc* de 1897 y était encore très attachée. On se souvient en effet que l'apparition de saint Michel accompagné de sainte Catherine et de sainte Marguerite, par ailleurs magnifiquement réintroduite dans la *Jeannette* de Bruno Dumont, ne figure déjà plus dans la *Jeanne d'Arc* de 1910. C'est qu'entre-temps son théâtre s'est laissé gagner par les arguments de la théologie mystique, dût-elle souffrir les espérances déçues de sa mystique républicaine.

La *Jeannette* de Bruno Dumont, première de ses deux *Jeanne d'Arc*, y a trouvé son argument scénographique. C'est que l'adaptation cinématographique qui règle le passage des pièces de Péguy à l'écran repose sur deux ressorts dramatiques complémentaires qui visent deux genres très différents. Le premier demande que nous nous intéressions à ce qu'il reste des mystères chrétiens lorsqu'un cinéaste comme Dumont s'en empare. Le second exige que l'on apprécie *Jeannette* depuis la comédie musicale et que l'on cherche à décrire cette dernière au contact du texte de Péguy. Dumont n'a jamais caché que la comédie musicale était à l'origine de son désir de film : « je cherchais un livret pour une comédie musicale », dira-t-il lors d'un entretien donné en 2017. À le lire, c'est par le genre qu'il aborde Péguy. Il fait une comédie musicale comme il a fait un polar avec *L'humanité*, un film de guerre avec *Flandres* ou un biopic avec *Camille Claudel, 1915.* Manière de dire que le cinéma est premier et que c'est en cinéaste qu'il filme Jeanne d'Arc. La comédie musicale primerait donc sur les mystères, imposant à Péguy et à sa *Jeanne d'Arc* une expérimentation cinématographique partagée avec les chorégraphies de Philippe Decouflé et la musique d'Igorrr connue pour ses orchestrations mêlant répertoire classique et *death metal.* Jamais avare de commentaires sur ses propres films, Dumont déclarait avoir voulu « renouveler le genre et rendre le texte accessible aux yeux et aux oreilles d'aujourd'hui. La comédie musicale et le recours à la musique électronique me paraissaient adaptés pour raconter le mystère de la conversion spirituelle d'une gamine[4]. » Déclaration étonnante qui demande d'une part que l'on accepte un Dumont pédagogue, ce dont on peut sérieusement

4 Bruno Dumont, « L'art est le seul moyen de capter le mystère de Jeanne d'Arc », in *Entretien La Croix*, propos recueillis par Céline Rouden, le 11 septembre 2019.

douter – qu'il ait été professeur de philosophie ne change rien à l'affaire – et, d'autre part, que l'on fasse de l'expérimentation formelle la voie efficace de sa pédagogie. Or quiconque a vu *L'enfance de Jeanne*, puis fait l'effort de lire *Jeanne d'Arc* et *Le Mystère de la charité*, sait que les passages conservés du texte de Péguy ont été repris *in extenso* et que tout son travail d'adaptation a essentiellement porté sur le découpage et le remontage des deux pièces de 1897 et 1910. Ajoutons enfin que l'invention dumontienne doit être relativisée si l'on tient pour probable l'hypothèse de Françoise Michaud-Fréjaville qui retrouve dans la *Jeanne* de 1897 la forme de « la chantefable, ce genre qui légua une unique œuvre à la littérature française, cet *Aucassin et Nicolette* qui mêlait déjà poésie et prose, monologues et dialogues, chants et paroles : "or dient chantent et fablent[5]". »

L'audace est ailleurs, dans la musique d'Igorrr, qui n'a pas exactement facilité l'accès au texte. Comme l'écrit Jean-Michel Durafour : « Igorrr fait ainsi, musicalement, tout le contraire de ce que Dumont fait sur le plan cinématographique, ce dernier ayant souvent insisté sur la continuité musicale en regard du découpage cinématographique, mais aussi sur la rareté des coupes qui différencie le cinéma du clip ou de la publicité, de n'importe quel produit télévisuel[6]. » La fidélité à Péguy est d'abord celle de l'esprit, et la lettre du texte n'y change rien. Délaissant le spectaculaire de la reconstitution, Dumont cherche les propositions scénographiques qui pourraient servir son désir d'expérimentation cinématographique. Question de budget bien sûr. Qui le niera ? Question d'esthétique surtout. Le texte littéraire a ses exigences qui doivent passer la rampe et revivre à l'image. Henri Meschonnic[7] a récusé toutes les interprétations de Péguy qui tentaient de lui imposer un rythme étranger à ses vers mélangés de prose : refus des *topoï* physiologiques, du « rythme respiratoire » que

---

5 Françoise Michaud-Fréjaville, « Le "médiévalisme" de la Jeanne d'Arc de Péguy (1897) », in *Cahiers de Recherches Médiévales et Humanistes, Une ville, une destinée : Orléans et Jeanne d'Arc. En hommage à Françoise Michaud-Fréjaville*, 12 spécial, 2005. On trouve dans l'édition critique établie par Hermann Suchier une formule un peu différente : « Or diënt et content et fabloient. » *Aucassin et Nicolette. Texte critique accompagné de paradigmes et d'un lexique*, traduction française, Albert Counson, Paderborn, Ferdinand Schoening Éditions, 1903.

6 Jean Michel Durafour, « Igorrr », in Benjamin Thomas (dir.), *Le cinéma de Bruno Dumont en fragments alphabétiques*, *op. cit.*, p. 202.

7 Henri Meschonnic, « Péguy oralité et rythme », *L'Amitié Charles Péguy*, n° 100, octobre-décembre 2002. Toutes les citations de Meschonnic sont tirées de ce texte.

lisait Albert Chabanon, comme du « rythme du souffle » auquel croyait Albert Béguin, refus de la poésie hydraulique de ce même Béguin décrivant « la source vive de ce grand fleuve. » Refus de l'éloge musical, enfin, que Joseph Barbier imaginait sincèrement retrouver dans un art déclamatoire : « pour lui, écrire, c'est déclamer, aimait-il répéter. » Pour Meschonnic, il s'agit avant tout de « reconnaître que l'addition de ces mauvaises habitudes revient à ne pas entendre le poème, le poème Péguy, dont la technique est si personnelle justement. [...] Parce que l'oralité du poème est la subjectivation intégrale d'un système de discours. Ce qui s'appelle une œuvre. » Seul Jacques Copeau est sauvé. Homme de théâtre et fondateur du théâtre du Vieux-Colombier, il a l'intelligence de l'écriture de Péguy : « Toute son œuvre est une sauvage protestation contre la poésie française consacrée ; un démenti total à l'esthétique de nos poètes ; une impitoyable condamnation de nos écoles. » Mais ce qu'il retient surtout de cette révolte, c'est que « la litanie redonne à la rime son sens cosmogonique originel, le sens épique du poème : faire une voix qui réponde par le microcosme du langage au macrocosme du monde. En quoi aussi Péguy refait le sacré, qui est le cosmique. Même et justement s'il se plaint d'une "affreuse pénurie du sacré", confondant comme tout le monde le sacré, le divin et le religieux. » Voilà le point de ralliement, voilà où se rencontrent le théâtre de Péguy et le cinéma de Dumont. Péguy s'est en effet plaint à Joseph Lotte « de cette affreuse indigence[8] » qui signe l'époque, reprochant aux uns leur résignation, accusant les autres d'y voir un progrès, certain que « le monde moderne ne s'oppose pas seulement au monde chrétien, [...] il s'oppose également à tous les mondes spirituels, au monde hébreu, au monde grec, au monde latin, au monde français non moins qu'au monde proprement chrétien[9]. »

Dumont partage le constat d'une diminution du sacré, mais il partage surtout l'idée que l'art en maintient l'accès, et cela d'autant plus que ses « modèles sont des artistes chrétiens – Bernanos, Claudel, Péguy – parce qu'ils révèlent la dimension artistique du sacré. » Son cinéma n'a pourtant rien d'une littérature catholique. Le lien au sacré se fait autrement, en prenant une autre voie qui fait de ce dernier « une fiction révélée par

8 « De cette affreuse indigence, cette affreuse pénurie du sacré est sans aucun doute la marque profonde du monde moderne. » Charles Péguy, « Entretiens avec Joseph Lotte, Mars 1910-Janvier 1914 », in *Lettres et entretiens*, Cahiers de la Quinzaine, Premier Cahier de la dix-huitième série, 1927, p. 196-197.

9 *Ibid.*, p. 187-188.

l'art. » La synthèse que se donne Dumont mérite quelques nuances : si la foi réunit les trois apôtres littéraires, la politique et l'Église les divisent. Au début du XXe siècle, Bernanos est membre de l'Action française, Claudel a des sympathies antidreyfusardes, tandis que Péguy, qui vient du socialisme, est un dreyfusard radical accusant de trahison les socialistes Jules Guesde, Édouard Vaillant et Paul Lafargue. Quelques années plus tard, c'est Jean Jaurès qui sera accusé de trahir la mystique dreyfusiste. Il ne sera jamais pour autant l'ami ou l'allié d'un Charles Maurras. Comme le note justement Arnaud Teyssier, « *Notre jeunesse* est l'occasion pour lui de tracer clairement la frontière avec l'Action française[10]. » Quant à leur catholicisme, la correspondance de Claudel et Péguy laisse peu de doute sur l'incompatibilité de leur implication chrétienne : le premier, fervent converti, écrit debout depuis une chaire de vérité, le second, refusant de communier, se tient devant le porche de l'église. Le 6 août 1910, Péguy adresse à Claudel qui réside à Prague un exemplaire de *Notre jeunesse*. Souffrant de n'avoir pu lire que la *Jeanne d'Arc* de 1897 qu'André Gide lui avait fait parvenir, Claudel lit le livre d'une traite et écrit une lettre quelques jours plus tard à celui dont il salue le « cœur si profondément et si délicatement chrétien[11]. » Quelques mois plus tôt il a lu le *Mystère de la Charité* paru dans le sixième cahier de la onzième série des *Cahiers de la Quinzaine* le 16 janvier 1910. André Gide, qui a aimé le livre, lui a fait parvenir un exemplaire que Péguy n'osait lui envoyer. Claudel lui répond un mois plus tard. Il se dit surpris de découvrir des pages d'une « émouvante beauté » sur la *Passion* chez un homme qu'il croyait n'être que « le type du dreyfusard, de l'anarchiste, de l'intellectuel, du tolstoïsant et autres horreurs[12]. » Mais il est indigné de découvrir en Jeanne d'Arc « une sorte de protestante têtue[13] », injuste envers saint Pierre comme avec Dieu, irrité par cet homme qui écrit contre l'Église et démolit son monde mis à mal par l'affaire Dreyfus. *Notre jeunesse* ne fait que confirmer les craintes de Claudel. Sa lettre est une longue réplique à Péguy. Il lui reproche d'opposer la mystique et la politique, de les dresser l'une contre l'autre,

10 Arnaud Teyssier, *Charles Péguy. Une humanité française*, Paris, Éditions Perrin, coll. Tempus, 2008, p. 260.

11 Paul Claudel, « Lettre à Ch. Péguy, 10 août 1910 », in Henri de Lubac et Jean Bastaire, *Claudel et Péguy*, Paris, Éditions Aubier Montaigne, 1974, p. 131.

12 Paul Claudel, « Lettre à A. Gide du 21 février 1910 », in Henri de Lubac et Jean Bastaire, *Claudel et Péguy*, *op. cit.*, p. 47.

13 *Ibid.*

alors qu'elles sont liées entre elles comme le sont la puissance et l'acte. Claudel ne prend pas appui sur Aristote qui distinguait la matière et la forme, mais sur saint Thomas d'Aquin qui sépare l'être de l'essence dans sa réponse aux Gentils (*Summa contra Gentiles*). Il s'étonne, puis s'insurge que l'on puisse dire du « mouvement dreyfusiste » qu'il fut « un mouvement chrétien[14]. » S'il l'était, vraiment, il saurait que la supériorité morale de l'autorité ecclésiale s'impose à tout chrétien et qu'elle ne se conteste pas. La liberté de pensée de Péguy l'exaspère. Son christianisme ne souffre ni doute, ni accusation, ni blâme : « la politique de l'Église, c'est l'héroïque et admirable Pie X qui la représente aujourd'hui, elle n'a rien à craindre d'aucune critique[15]. » Certes les deux hommes se rapprocheront l'année suivante et Péguy dédicacera à Claudel *Le Porche du mystère de la deuxième vertu* le jeudi 9 novembre 1911 : « Au poète des Hymnes et des Grandes Odes cet avancement de la deuxième théologale. » Mais ces reconnaissances mutuelles sont fragiles et très souvent assorties de réserves. La mort prématurée de Péguy laisse Claudel seul, qui continuera à écrire et à parler de Péguy, confirmant que leur christianisme et leur littérature restaient à bonne distance les uns des autres.

Dumont fait peu de cas de ces puissantes antipathies et semble ne considérer qu'un même dénominateur tiré d'une tradition artistique qui s'est efforcée de lier la mystique, le sacré et l'art. Pourtant, le cinéaste de Bailleul ne dit pas que l'art est sacré, ce qui pourrait s'entendre, il dit que le sacré possède les propriétés de l'art et qu'il est comme lui un espace de fiction dans lequel se rejoue l'unité du monde. L'art fait advenir le sacré. Il peut s'en faire le législateur, ce qui suppose une compréhension moderne du sacré qui refuse d'en abandonner le privilège et l'usage aux religions. Que cherche Dumont, sinon à démettre la religion du magistère qu'elle exerce sur le sacré pour mieux le rendre au monde profane ? « Il faut récupérer des mots comme la grâce, la sainteté, du côté du profane, ne pas en laisser le monopole au culte religieux. Moi j'ai envie d'un sacré humaniste, d'une vie spirituelle, d'une transcendance, sans Dieu et sans Église[16] », déclare-t-il à Jean-Marc Lalanne pour *Les Inrockuptibles*. En ce début de XXIe siècle, la déclaration a cessé de surprendre, elle a été longuement préparée par

14 Paul Claudel, « Lettre à Ch. Péguy, 10 août 1910 », *op. cit.*

15 *Ibid.*

16 Bruno Dumont, Jean-Marc Lalanne, Entretien « Bruno Dumont : mystique ou profane ? », *Les Inrockuptibles*, 2009.

d'autres, par Georges Bataille qui a fait de l'expérience intérieure le moyen de penser un sacré sans Dieu, privé d'emploi et de souveraineté, figure d'un non-savoir et d'un inconnu dans laquelle fusionnent le sujet et l'objet. Expérience mystique dans sa ressemblance seulement, mais d'une autre espèce, « nue, libre d'attaches, même d'origine, à quelque confession que ce soit[17]. » Claudel ne voyait d'autorité que dans l'Église, Bataille s'y refuse et n'en reconnaît aucune. Sa mystique – Bataille n'aime pas le mot, mais son vocabulaire, sa technique, ses lectures le situent dans un même monde de pensées – n'a d'autre fin qu'elle-même. Elle sera vivement attaquée par Jean-Paul Sartre, qui n'aura pas de mots assez durs contre ce dernier dans les trois articles qu'il rédige pour les *Cahiers du Sud* entre octobre et décembre 1943. La conclusion qu'il donne à sa critique de l'expérience intérieure résume l'irritation de Sartre :

> L'expérience intérieure, nous dit-on, est le contraire du projet. Mais nous sommes projet, en dépit de notre auteur. Non par lâcheté ni pour fuir une angoisse : par nature. Si donc un semblable état doit être recherché, c'est qu'il sert à fonder de nouveaux projets. Le mysticisme chrétien est projet : c'est la vie éternelle qui est en cause. Mais les joies auxquelles nous convie M. Bataille, si elles ne doivent renvoyer qu'à elles-mêmes, si elles ne doivent pas s'insérer dans la trame de nouvelles entreprises, contribuer à former une humanité neuve qui se dépassera vers de nouveaux buts, ne valent pas plus que le plaisir de boire un verre d'alcool ou de se chauffer au soleil sur une plage[18].

Ce n'est plus la lumière d'une illumination qu'il cherche – Dieu n'est plus le terme de la voie spirituelle – mais l'obscurité la plus obscure de l'inconnu, étrangère à toute possibilité de connaissance, irréductible à tout récit ou enseignement. L'art non plus n'y peut rien. Qu'est-ce que le poétique sinon « du familier se dissolvant dans l'étrange et nous-mêmes avec lui » ? Il n'y a là nulle dépossession, car il n'existe pas d'images ou de mots suffisamment détachés de l'inconnu pour en faire sentir la présence ou le sens. S'il y a des limbes, ce sont celles de la poésie. Voilà ce qui peut être sauvé, le poème, la forme improductive du langage, qui donne au sacré la force de l'inconnu.

---

17 Georges Bataille, *L'expérience intérieure*, 1943, Paris, Éditions Gallimard, coll. Tel, 1986, p. 15.

18 Jean-Paul Sartre, « Un nouveau mystique (III) », in *Cahiers du Sud*, tome XIX, 30e année, décembre 1943, p. 994.

ÉLOGE DU PROFANE

Le cinéma de Dumont renouvelle la poésie de Bataille, mais selon une voie propre qui consiste à remettre le sacré en circulation dans le monde profane. Dumont n'ignore pas que s'il peut penser le monde sans Dieu, ce qu'il pense et éprouve se situe dans l'espace et le temps d'un monde qui s'est construit avec Lui. La cathédrale d'Amiens est son sanctuaire, il y tournera *Jeanne d'Arc*. Or se saisir du sacré pour en défaire les privilèges peut se dire de deux manières. La première prend la forme d'un phénomène historique propre aux Temps modernes, la sécularisation, qui a tantôt été comprise comme « un déclin de l'influence sociale de la religion » et, *a fortiori*, de la théologie dans les affaires du monde, tantôt comme « un transfert systématique de la théologie vers le droit[19] », voire plus largement comme un déplacement des valeurs religieuses dans la sphère publique. L'antagonisme de ces interprétations a été au cœur de la philosophie politique du XXe siècle qui s'est efforcée d'en évaluer le solde historique, nous laissant le choix entre le sous-texte théologico-politique de l'État moderne de Carl Schmitt et l'auto-fondation de la rationalité moderne de Hans Blumenberg. Le premier soutient que la théorie moderne de l'État dépend pour l'essentiel de concepts théologiques sécularisés[20], le second répond que « quoi que nous entendions par sécularisation (*Säkularisierung*), celle-ci ne peut en aucun cas être considérée, d'un point de vue historique, comme un processus de sécularisation (*Verweltlichungsprozess*) au sens strict du terme ; car la modernité n'a pas cédé un au-delà contre un ici-bas, et elle n'a pas même, strictement parlant, gagné une vie terrestre, actuelle, en échange d'une vie future, dans l'au-delà ; elle a été dans le meilleur des cas, renvoyée à celle-ci[21]. » Il existe cependant une seconde manière de penser la nouvelle gestion des choses sacrées dans le monde profane. Longtemps comptée comme un geste impur et subversif, le plus souvent relue à partir des

19 Jean-Claude Monod, « La sécularisation. Histoire et actualité d'un concept controversé », in *Sécularisation 1*, Droits, Presses Universitaires de France, 2013, 2 n° 58, p. 4.

20 Carl Schmitt, *Théologie politique* (1922), trad. Jean-Louis Schlegel, Paris, Éditions Gallimard, 1988.

21 Hans Blumenberg, *La légitimité des Temps modernes*, 1966, 1988, trad. M. Sagnol, J-L Schlegel et D. Trierweiler, Paris, Éditions Gallimard, 1999, p. 17.

travaux de la sociologie ou de l'anthropologie religieuse, la profanation n'a pas eu les faveurs de la philosophie politique moderne. Giorgio Agamben en a pourtant récemment éclairé les possibilités créatrices, tout en s'inspirant d'une tradition juridique romaine qui jugeait des situations où ce qui était tenu pour sacré, dans certaines conditions, pouvait être rendu au profane qui en avait été privé. En effet, le droit romain reconnaissait qu'en certaines occasions une chose sacrée pouvait être libérée de sa condition réservée, déliée « de l'entrave de la religion (*religione solutus*) » et remise « dans le circuit des échanges d'où elle a été provisoirement écartée[22]. » Là où la sociologie d'Émile Durkheim distinguait fermement « en deux classes, en deux genres opposés, désignés généralement par deux termes distincts que traduisent assez bien les mots de *profane* et de *sacré* » la division qui règle l'organisation de la vie sociale et définit le fondement de « la pensée religieuse[23] », le droit romain avance qu'au « sens propre est profane ce qui, de sacré ou religieux qu'il était, se trouve restitué à l'usage et à la propriété des hommes[24]. » On devine ce que cette définition empruntée au jurisconsulte du Ier siècle avant Jésus-Christ, Trebatius Testa[25], a pu présenter comme intérêt pour un philosophe qui a cherché à repenser la division des mondes et des formes séparées de la pensée. Non seulement la profanation pourrait ne pas prendre la forme de l'avilissement, du blasphème ou de l'outrage, mais elle évite aussi de reproduire la mondanisation du religieux qui déjuge la fondation des Temps modernes. Hans Blumenberg s'est, pour sa part, opposé à l'idée d'une dette inamissible qui rendrait les Temps modernes dépendants d'une sécularisation active, gagnée sur le christianisme, voire sur l'héritage gréco-romain :

> Le monde n'est pas une constante dont la fiabilité permettrait d'attendre que dans le processus historique un élément originel réapparût sans voile à la

22 Yan Thomas, « La valeur des choses. Le droit romain hors la religion », in *Annales Histoire, Sciences Sociales*, 57e année, n° 6, 2002, p. 1446-1447.

23 Émile Durkheim, *Les formes élémentaires de la vie religieuse*, Paris, Presses Universitaires de France, 1960, p. 50-51.

24 Giorgio Agamben, « Éloge de la profanation », in *Profanations*, *op. cit.*, p. 95.

25 La définition de Testa ne s'est pas perdue, puisqu'on en retrouve la trace trois siècles plus tard chez Macrobe qui s'y réfère directement : « D'après Trébatius, est dit proprement profane ce qui, après avoir été religieux ou sacré, a été transféré à l'usage et à la propriété des hommes. » Macrobe, *Les Saturnales, livres I-III*, trad. Charles Guittard, Paris, Éditions Les Belles Lettres, coll. « La Roue à livres », 1997, p. 194.

> surface dès qu'un terme eût été mis en recouvrement, qui fait date, par des éléments de provenance et de spécificité théologique[26].

Agamben en a tiré une définition élargie qui vaut aussi pour d'autres expériences sociales de la séparation pouvant faire l'objet d'une salutaire profanation : « profaner signifie libérer la possibilité d'une forme particulière de négligence qui ignore la séparation ou, plutôt, qui en fait un usage particulier[27]. » Ce qui revient dans le monde profane n'est donc pas nécessairement un défaut ou une défaillance dont il faudrait se défier mais, *a contrario*, l'exercice d'une clause de réméré sur des biens jadis cédés et aujourd'hui repris. Entre une sécularisation qui dit l'abandon d'un monde réglé par le religieux et fait de cet abandon le signe d'une émancipation et une sécularisation qui lit dans les formes du droit, de la politique et de la culture la persistance refoulée d'un monde de normes et de valeurs religieuses, la profanation dessine une troisième voie qui imagine la revitalisation de ce qui revient dans le siècle, dans l'ici-bas d'un monde délié de toute attache religieuse.

REMBRANDT, COURBET ET DUCHAMP : POLITIQUE DE L'ART

Le geste de Dumont qui cherche à s'emparer de formes soustraites au monde profane pour les remettre en circulation ressortit donc plus à un geste de profanation que de sécularisation. Il ne s'agit plus de liquider un fonds de théologie chrétienne ou d'en rediriger les fondements mais, plutôt, de reconnaître la formulation d'une expérience spirituelle qui peut s'exercer sans Dieu et sans le secours de l'appareil théologique. De reconnaître en somme qu'il y a du sacré sans religion ni Dieu, et que l'art y a accès sans condition. Si l'on s'en tient aux seuls propos de Dumont, nous sommes cependant plus près des travaux de Mircea Éliade ou de Georges Bataille que des formulations du droit romain qui statue sur les conditions juridiques d'une reprise profane des valeurs sacrées. Mais

26 Hans Blumenberg, *La légitimité des Temps modernes*, *op. cit.*, p. 17.
27 Giorgio Agamben, « Éloge de la profanation », *op. cit.*

ce dernier nous a cependant livré une manière renouvelée de penser la gestion d'un héritage chrétien et d'y ajouter une lecture politique qui fait de la profanation le geste d'un nouveau *partage du sensible*, pour le dire dans une formule désormais banalisée (Jacques Rancière, 2000). Car ce qui compte, c'est en définitive la manière dont se refont les formes du commun, les usages qu'elles libèrent, les sujets qu'elles rendent possibles, les espaces et les temps qu'elles requalifient. On restera donc attentif à ne pas confondre les déclarations d'un cinéaste qui a certes médité la manière dont l'art se saisit du sacré, avec la valeur épistémocritique des problèmes que posent ses fictions. La charité irrésistible de Pharaon décrit cette relance d'une vertu théologale privée de son armature théologique et du monde social capable d'en lire l'action. Celui qui l'exerce se tient sur le fil du funambule, entre sagesse et idiotie, intelligence et négligence, enquêtant et aimant d'un même geste. De même, le baiser et l'étreinte accordés à Joseph achèvent moins une enquête criminelle qu'ils ne proposent une solution morale au mal. Assis dans son bureau, les menottes aux poignets ont fait croire à un ultime rebondissement. C'est ce que soutient Kent Jones qui imagine un Pharaon coupable, s'efforçant « d'imputer le meurtre à son ami Joseph[28]. » Pour Jacques Rancière, en revanche, « le criminel et la victime, le justicier et le témoin sont une seule et même personne : cette humanité souffrante et jouissante, entêtée, depuis l'enfant buté dans son silence jusqu'à l'athlète mécanique du sexe, dans la perpétuation de son vouloir-vivre destructeur. […] Pharaon en est le représentant et le témoin : criminel sous les habits du policier, idiot-innocent endossant la misère et la cruauté du monde, Christ ou Myuchkine donnant aux victimes-coupables de ce jeu perpétuellement innocent le seul remède possible : le geste de la compassion[29]. » Si Rancière voit bien que le plan de Pharaon est délié de ses attaches réalistes, on reste toutefois étonné que le plan ne soit pas lu pour ce qu'il est, une allégorie de la charité de Pharaon. Ce dernier n'est pas coupable, il endosse la culpabilité de Joseph. Tout le film nous a préparés à cet écart réaliste, jusqu'à la lévitation du personnage qui dénote moins une échappée surnaturelle qu'une proposition symbolique. Il ne s'agit pas de croire à la mécanique de son élévation,

---

28 Kent Jones, « *L'humanité* by Bruno Dumont », in *Film Comment*, vol. 36, n° 3, mai-juin 2000, p. 73. Ma traduction.

29 Jacques Rancière, « Le bruit du peuple, l'image de l'art », *op. cit.*, p. 112.

mais de consentir à son devenir mystique. De même, il ne s'agit pas de croire à un Pharaon menotté et coupable, parce qu'il convient de lire dans cette image la dernière conséquence morale de sa charité, qui s'est offerte délivrée de Dieu.

Là où l'encyclique *Veritatis Splendor* affirme que si « l'homme s'éloigne de Dieu » il « perd la charité[30] », Dumont insiste pour qu'elle puisse être continuée sans Lui. Certes un tel geste pourrait nous ramener au « *don total de soi*, comme l'a fait Jésus qui, sur la Croix, "a aimé l'Église et s'est livré pour elle" (Ep 5, 25). » Ce serait là s'accorder sur la source d'un modèle et prendre appui sur ce témoignage qui recommande une charité exemplaire. La mystique populaire ne trouve-t-elle pas son inspiration dans les formes de cet évangélisme radical ? Ce serait perdre de vue que la charité de Dumont n'est pas militante et qu'elle ne vient pas du Livre. Rancière retient pourtant « le spiritualisme de *L'humanité*[31] » pour mieux accuser son renoncement politique, sans bien voir que l'élément spirituel ne désigne pas une position morale plus élevée mais, comme il le dit peu après sans réellement en évaluer la portée, « un mystère » qui est le point d'entrée de la mystique dumontienne. Laisser croire que le cinéaste délaisse la politique pour donner désormais dans l'humanitaire, c'est méconnaître que cette mystique cinématographique s'est affirmée de film en film comme l'agent de sa politique. Si en 1999 on peut encore douter du lien qui permet de passer de l'une à l'autre, en 2021 le doute n'est plus permis. Deux *Jeanne d'Arc* plus tard, l'une et l'autre adaptées d'un Péguy déchiré entre un espoir socialiste et une espérance chrétienne, il n'est plus permis de douter que son réalisme possède bel et bien les caractères d'une esthétique engagée. L'effort de Dumont est dirigé contre deux forces contraires, l'une qui voudrait nous convaincre que la charité de Pharaon ranime une théologie de l'amour dont on lira les prémices chez Augustin, l'autre qu'elle n'est jamais que la forme affaiblie d'une spiritualité négociée à bas prix sur le marché des valeurs politiques.

La critique de Rancière ne s'arrête pas aux seules prétentions spirituelles du cinéaste. Il dénonce en effet l'inflation référentielle d'un film qui catalogue les promesses de l'art et convoque tour à tour *La Baigneuse* de Rembrandt, *L'origine du monde* de Courbet et l'installation de Marcel Duchamp, *Étant donnés : 1° la chute d'eau 2° le gaz d'éclairage*.

30 Jean-Paul II, *Veritatis Splendor*, Rome, 6 août 1993. Idem, pour les deux citations suivantes.

31 Jacques Rancière, « Le bruit du peuple, l'image de l'art », *op. cit.*

Or, loin de se résoudre dans un effort d'esthétisation un peu vain, la reprise de ces œuvres procède tout autrement d'une profanation esthétique qui consiste à libérer l'art des contraintes que lui impose l'espace limité des musées. À la fonction sacralisante du musée, Dumont oppose la fonction profanatrice du cinéma. Les œuvres qui y étaient tout à la fois proposées et interdites – la garantie d'un droit de jouissance ne va pas sans une privatisation des scènes de l'art – se retrouvent désormais livrées aux vicissitudes du réalisme cinématographique. Il est en effet toujours difficile d'échapper à la mémoire de son ontologie, ce qui peut se dire ainsi : du tableau au film, Dumont suppose un écart esthétique qui range ce dernier du côté de la prose du monde. Si l'on peut jouir, esthétiquement parlant, devant *L'origine du monde* de Courbet, le plan dumontien y ajoute une difficulté supplémentaire qui tient à cet excédent de réel qui n'est plus résorbé dans l'espace réservé du musée. Dumont n'imite pas Courbet, il montre l'envers profane d'un sexe qui est aujourd'hui sacralisé par l'art. Le sexe de Domino n'est pas le double cinématographique de celui de Constance Quéniaux, le modèle de Courbet, il signe plutôt l'événement d'un bas matérialisme qui bloque l'accès à la transcendance. Ni l'art ni Dieu ne sont disponibles. Profaner Courbet ce n'est pas porter atteinte à l'art du peintre, c'est, au contraire, raviver le scandale phénoménologique d'une œuvre que le musée a définitivement désactivée. Tel est le deuxième sens de la profanation qui peut se reprendre depuis la leçon juridique du droit romain. *L'origine du Monde* n'a finalement existé que dissimulé sous *Le Château de Blonay* que Courbet a peint pour le soustraire au regard et, plus tard, sous la réplique d'André Masson, *Terre érotique*, que ce dernier a réalisée pour Jacques Lacan en 1955. Agamben a raison, telle est la fonction dernière du musée : « Musée ne désigne pas ici un lieu ou un espace physiquement déterminé, mais la dimension séparée où est transféré ce qui a cessé d'être perçu comme vrai et décisif[32]. » Pour revoir *L'origine du monde* qui a cessé d'être visible depuis que le tableau a été exposé au musée d'Orsay, il était donc nécessaire de le profaner, c'est-à-dire de le reproduire ou, si l'on préfère, de réexposer sa puissance d'exposition. De même, Dumont n'imite pas Marcel Duchamp. Son installation est posée en pleine terre, offerte au soleil et aux fourmis, privée du dispositif – des portes closes derrière lesquelles se regarde le diorama – qui tenait

32 Giorgio Agamben, « Éloge de la profanation », *op. cit.*, p. 110.

le spectateur à distance du mannequin d'*Étant donnés*. Cette imitation n'en est pas une, et là encore il nous faut y reconnaître la valeur d'une profanation. Profanation, en effet, qui débarrasse l'œuvre de son aura et dépossède le musée de son autorité esthétique, celle qui justifie qu'il y ait de l'art dans ce cadavre et que nous puissions en jouir sans jamais être affecté par ce dont il est l'image. Duchamp s'était efforcé de créer les conditions d'une spectacularisation du regard, obligeant son spectateur à se tenir dans la position inconfortable d'un voyeur. Le plan de Dumont, lui, nous est donné sans aucune médiation. Il fixe la limite de ce qui peut être regardé, amène l'art au bord de sa contradiction. Et c'est précisément ce qui le rend nécessaire. Nous nous étions habitués au diorama de Duchamp, Dumont nous en déshabitue. Enfin, que vient donc faire *La Baigneuse* de Rembrandt (Fig. 9) dans le film de Dumont ?

FIG. 9 – Rembrandt, *Femme se baignant dans une rivière*, 1654, National Gallery, Londres.

Au plus simple, on dira qu'elle est venue rendre à son personnage, Domino, la dignité d'une femme peinte que son milieu social lui refuse. Celle qui décide de marcher dans les vagues n'est en effet plus seule, elle est accompagnée d'un souvenir de peinture. Pour entendre ce que cache cette dignité, il faut d'une part se souvenir que cette femme qui, chez Rembrandt, remonte sa robe sur ses cuisses, est l'égale de la Bethsabée peinte par ce même Rembrandt. Il faut d'autre part ne pas perdre de vue que c'est une même femme, Hendrickje Stoffels, dont on sait qu'elle fut tout à la fois sa servante et sa compagne, qui servit de modèle à ces deux femmes, la Baigneuse et Bethsabée (Fig. 9 et 10).

FIG. 10 – Rembrandt, *Bethsabée au bain tenant la lettre de David*, 1654, Musée du Louvre, Paris.

Or, lorsque Bethsabée, qui fut l'épouse du roi David et la mère de Salomon, lequel fut prophète, roi d'Israël et fondateur des rois de la lignée de Juda, lorsque Bethsabée donc trouve modèle dans la figure d'une chambrière, ou si l'on préfère le dire avec Hegel, dans l'une de ces « personnes contingentes de la communauté[33] », ces figures profanes nouvellement introduites dans la peinture hollandaise du XVIIe siècle, c'est le geste esthétique de Rembrandt qui se laisse relire politiquement. Ce geste d'apparence banale, qui consiste à se servir d'un même modèle pour peindre des femmes de milieux et destins fort différents, pourrait ne jamais dépasser les commodités d'une pratique d'atelier : il est en définitive beaucoup plus conséquent si on le rapporte aux transformations politiques et culturelles qui ont affecté la société hollandaise du XVIIe siècle. Comme le résume fort justement Tzvetan Todorov dans son essai sur la peinture hollandaise, un tel geste a une portée révolutionnaire dans l'histoire de la peinture : « Gratter les navets et peler les pommes devient, pour la première fois, un acte aussi digne de figurer au centre d'un tableau que le couronnement d'un monarque ou les amours d'une déesse ; les femmes en train de faire le ménage sont mises sur le piédestal des saints et des héros antiques[34]. » Rembrandt fait donc d'une égalité esthétique – une baigneuse et une reine ont désormais une même dignité artistique – une égalité démocratique – une domestique devient l'égale d'une reine. Il est curieux que Rancière qui a repris chez Flaubert le principe qui introduit le régime esthétique de l'art – l'art change lorsque Yvetot vaut Constantinople – ait à ce point manqué le geste de Dumont qui renouvelle le geste politique de Rembrandt.

> Si le livre que j'écris avec tant de mal arrive à bien, j'aurai établi par le fait seul de son exécution ces deux vérités, qui sont pour moi des axiomes, à savoir : d'abord que la poésie est purement subjective, qu'il n'y a pas en littérature de beaux sujets d'art, et qu'Yvetot donc vaut Constantinople ; et qu'en conséquence l'on peut écrire n'importe quoi aussi bien que quoi que ce soit. *L'artiste doit tout élever*[35].

33 G.W.F. Hegel, *Cours d'esthétique, III*, Paris, Éditions Aubier, 1997, p. 116.

34 Tzvetan Todorov, *Éloge du Quotidien. Essai sur la peinture hollandaise du XVIIe siècle*, Paris, Éditions Adam Biro, 1993/1998, p. 139.

35 Gustave Flaubert, « Lettre à Louise Colet, 25-26 juin 1853 », in https://flaubert.univ-rouen.fr/correspondance/conard/lettres (consulté le 16.08.2021).

Le parti pris esthétique de Flaubert n'a d'ailleurs pas échappé à ses contemporains. En effet, Armand de Pontmartin, romancier et critique littéraire farouchement opposé au réalisme, lui a vertement reproché d'avoir introduit la démocratie dans le roman tout en mettant en garde les lecteurs : « L'école dont *Madame Bovary* nous donne, semble-t-il, le dernier mot, a fait un pas de plus : elle peint la campagne telle quelle, avec ses rugosités, ses laideurs, ses misères, ses petitesses et son fumier : elle la décrit sans amour, sans préférence, uniquement parce que les objets matériels sont là, que l'appareil photographique est dressé, et qu'il faut tout reproduire. Comment en serait-il autrement ? Dans ce système, tous les personnages sont égaux, si toutefois les plus laids ne sont pas les meilleurs[36]. » L'égalité est à son comble lorsque l'on ne distingue plus le beau du laid, le noble de l'ignoble, le digne de l'indigne. Avec Flaubert, c'est « l'esprit démocratique [qui est passé] dans l'art », abandonné au nouveau gouvernement matérialiste des êtres et des choses qui professe en matière d'esthétique une égalité des sujets littéraires comme on le dit de l'égalité juridique des sujets politiques. L'analyse de Pontmartin, foncièrement conservatrice, est cependant étonnante de lucidité. Elle mérite d'être citée dans sa longueur : « Pour moi, bourgeoisie et démocratie ne sont pas ici des catégories sociales ni des partis politiques, mais des influences, l'action irrésistible de deux forces qui, ayant grandi dans le monde, ayant marqué de leur empreinte les institutions et les mœurs, s'étant propagées à travers tous les détails de la vie publique, matérielle, extérieure, privée, doivent aussi s'infiltrer dans la vie intellectuelle, imprimer leur cachet sur la littérature, avoir un art, une poésie, un roman à elles : art, poésie, roman, qui essayeront de donner le change, qui chercheront leur raison d'être dans des théories littéraires, qui s'appelleront, si vous voulez, réalisme, mais qui, au fond, ne seront que l'expression de ces deux puissances régnantes[37]. » L'analyse est saisissante de vérité, dût-elle s'écrire dans le regret d'une évolution de l'art et de la littérature. Demeure ce paradoxe : Flaubert qui haïssait la démocratie invente son esthétique littéraire.

---

36 Armand de Pontmartin, « Le roman bourgeois et le roman démocrate, MM Edmond About et Gustave Flaubert », *Le Correspondant*, 25 juin 1857, in *Nouvelles causeries du samedi. Deuxième série des causeries littéraires*, M. Lévy, 1859, p. 306.

37 *Ibid.*

Profaner Rembrandt ce n'est donc pas faire offense au peintre d'Amsterdam, c'est rappeler qu'à Bailleul aussi on peut filmer ce que Hegel appelait « la joie prise au profane[38]. » Le réalisme de Dumont ne va pas sans cet éloge de la « prose du monde. » Comme Rembrandt, Dumont filme ce que Hegel appelait le « dimanche de la vie, qui rend tout semblable et écarte toute médiocrité[39]. » Traduisons : l'égalité démocratique n'interdit pas l'égalité esthétique. Voilà ce qui passe de Rembrandt à Dumont dans le personnage de Domino, un même éloge de la prose du monde qui rend tout semblable et écarte toute médiocrité. Si profaner c'est désacraliser, la profanation n'est cependant pas un sacrilège. Au contraire, elle est un exercice démocratique qui permet à la peinture de Rembrandt de poursuivre son travail de démocratisation de l'art. De Rembrandt à Dumont en passant par Flaubert, c'est une même histoire politique de l'art qui est en jeu : l'art est désormais une affaire démocratique à laquelle le peuple est mêlé. L'art est partout et pour tous, et, à chaque fois, qu'il s'agisse de Rembrandt, de Courbet, de Flaubert ou de Dumont, c'est en modifiant les images du peuple que l'art change de visage et d'histoire. Jean Genet l'a dit à sa manière dans son essai inachevé sur Rembrandt : est-ce que Rembrandt « croit en Dieu ? Pas quand il peint[40]. »

38 G.W.F. Hegel, *Cours d'esthétique, III*, *op. cit.*, p. 116.

39 *Ibid.*, p. 119.

40 Jean Genet, « Ce qui est resté d'un Rembrandt déchiré en petits carrés bien réguliers, et foutu aux chiottes », 1967, in *Rembrandt*, Paris, Éditions Gallimard, 1995, p. 77.

JEANNE D'ARC OU « LE CŒUR MYSTIQUE » DE LA FRANCE

> J'aurais bataillé avec cette jeune fille, près d'elle, pour elle, car, en son temps, son action insurgée et mystique était totalement justifiée.
> René CHAR, *Recherche de la base et du sommet.*

FILMER LE MYTHE, PENSER L'HISTOIRE

Que reste-t-il de la Jeanne d'Arc de Péguy dans le film de Dumont ? Formuler la question ainsi ce n'est pas s'interroger sur la fidélité du film au texte – la poésie des dialogues et le schéma dramatique sont conservés – mais se demander ce qu'il reste d'une époque qui s'est disputé sa mémoire. Le XIXe siècle n'a pas seulement redécouvert Jeanne d'Arc, il l'a réinventée. Tiraillée entre un idéal du peuple de France forgé par Jules Michelet et un modèle de sainteté encouragé par Mgr Dupanloup qui a très tôt milité pour sa béatification, la *juvenis Puella* des premiers mémoires médiévaux a été revendiquée par tous ceux qui cherchaient en elle l'héroïne d'une nation meurtrie par la guerre perdue de 1871.

> Dans ce qu'on méprisait, dans ce qui semblait le plus humble, dans une enfant, dans la simple fille des campagnes, du pauvre peuple de France. Car il y eut un peuple, car il y eut une France. Cette dernière figure du passé fut aussi la première du temps qui commençait. En elle apparurent à la fois la Vierge…, et déjà la Patrie[1].

1 Jules Michelet, *Histoire de France, Tome V*, Paris, Librairie Hachette, 1841, p. 177-178.

On ne compte plus ceux qui, de Jean Jaurès à Maurice Barrès, ont lutté pour faire de *la bonne Lorraine* un idéal de patriotisme laissé aux générations. L'année 1920 achève un premier cycle de rivalités politiques. Le 16 mai, sous l'autorité du pape Benoît XV, l'Église prononce sa canonisation, alors que deux mois plus tard, le 10 juillet, c'est au tour de la République de publier une loi qui institue la fête nationale de Jeanne d'Arc et du patriotisme[2]. Si Péguy entre en littérature avec Jeanne d'Arc, ce qui ne l'empêche pas de fonder la librairie socialiste *Georges Bellais* en 1898, Dumont y arrive presque par hasard, après vingt ans de cinéma et huit long-métrages. Alors que Jeanne d'Arc lui a longtemps été indifférente – « je m'en fichais », explique-t-il à l'occasion de la sortie du film – elle a fini par devenir à ce point importante qu'il lui consacre ses deux films les plus risqués formellement. La conversion de Dumont est totale, tout son œuvre s'y rassemble. Mais pour recevoir cette très jeune femme qui bataille pour réconcilier le ciel et la terre, persuadée que le royaume d'en haut n'a pas abandonné le royaume de France, encore fallait-il un événement qui lui révélât ce que son œuvre n'avait jamais cessé de ressasser. La découverte de Péguy, l'un des rares écrivains à se saisir de l'enfance de Jeanne, a été cet événement. On ne lit jamais mieux que lorsqu'on s'est préparé de longue date à accueillir un texte. La mystique est leur cause commune. Péguy est socialiste avant de devenir chrétien, il y consacrera sa vie, Dumont n'est ni l'un ni l'autre, mais il lui a déjà dédié l'essentiel de son œuvre.

On l'a vu, nombreux sont ceux qui ont douté que le cinéma de Dumont fût réellement politique, tout comme on s'est interrogé un siècle plus tôt sur cette Jeanne écrite dans les combles de l'affaire Dreyfus. Si, au moment où il tourne *La vie de Jésus*, le cinéaste de Bailleul ignore encore que le crime de son personnage le conduira jusqu'au bûcher de la Pucelle, le poète d'Orléans en revanche sait qu'il écrit depuis un Moyen Âge idéalisé

---

2 *Loi instituant une fête nationale, de Jeanne d'Arc, fête du patriotisme.* Le Sénat et la Chambre des députés ont adopté, Ier Président de la République promulgue la loi dont la teneur suit : Art. 1er – La République française célèbre annuellement la fête de Jeanne d'Arc, fête du patriotisme. Art. 2. – Cette fête a lieu le deuxième dimanche de mai, jour anniversaire de la délivrance d'Orléans. Art. 3. – Il sera élevé en l'honneur de Jeanne d'Arc, sur la place de Rouen, où elle a été brûlée vive, un monument avec cette inscription : À *Jeanne d'Arc*, Le Peuple français reconnaissant. La présente loi, délibérée et adoptée par le Sénat et par la Chambre des députés, sera exécutée comme loi de l'État. Fait à Rambouillet, le 10 juillet 1920. P. Deschanel. Par le Président de la République française, Le ministre de l'Intérieur, T. Sterg. Le garde des sceaux, ministre de la Justice, président du conseil par intérim Lhôpiteau.

qui pouvait produire « des saintes et des saints, tout un peuple chrétien, tout un monde chrétien, tout un peuple, tout un monde de saints et de pécheurs[3]. » Comme tant d'autres, Dumont veut croire que sa Jeanne d'Arc priant et bataillant sans répit peut redonner du courage et de l'allant aux temps présents : « Jeanne ne représente pas quelqu'un, déclare le cinéaste, mais quelque chose. Quelque chose qui est en nous infigurable et qui est ici comme transfiguré sous les traits de Jeanne et les paysages moyenâgeux. » Il y a là, inévitablement, le signe d'une requête contre son temps, mille fois relancée, mille fois déçue. Nous sommes pourtant loin de Jules Michelet désirant qu'en « elle, se perpétue, sous forme diverse, l'idéal moral du monde, de saint Louis à la Pucelle, de Jeanne d'Arc à nos jeunes généraux de la Révolution ; le saint de la France, quel qu'il soit, est celui de toutes les nations, il est adopté, béni et pleuré du genre humain[4]. » Nous sommes plus loin encore de l'hymne à la nation que célèbre le tableau de Charles Lameire, *Jeanne d'Arc, Henri IV et le consul Napoléon Bonaparte* (1898-1903, Musée d'Orsay), qui signera quelques années plus tard un projet de monument à Jeanne d'Arc pour le Palais de justice de Paris (1889). Lameire ne peint pas simplement l'unité retrouvée de la France, il purifie l'action politique et réécrit l'histoire. Premier consul depuis le coup d'État du 18 Brumaire, Napoléon avait déjà compris l'escompte politique qu'il pouvait tirer de cette filiation. Quatre ans plus tard, en 1803, il rétablit « les fêtes célébrées en son honneur depuis trois siècles et demi à Orléans et il donne son aval à l'érection d'une nouvelle statue publique[5]. » La légende s'étoffe et, avec elle, s'élargit le manteau de gloire que se cherche une nation à peine née. Le travail éditorial de Jules-Étienne Quicherat qui réunit les pièces, les procès-verbaux et les minutes des procès de condamnation et de réhabilitation de Jeanne d'Arc, publiés en latin en cinq volumes entre 1841 et 1849, avant qu'Auguste Vallet de Viriville n'en propose une première traduction française en 1867, n'a pas seulement rendu possible le travail des historiens, il a également nourri un récit national et un imaginaire politique qui cherchaient ses *exempla*.

> Un certain laps de temps après le supplice de Jeanne, souligne Quicherat, Thomas de Courcelles, l'un des conseillers du tribunal, assisté de Manchon,

3 Charles Péguy, « Notre jeunesse », *op. cit.*, p. 102.
4 Jules Michelet, *Le Peuple* (1846), *op. cit.*, p. 276.
5 Franck Collard, *La passion Jeanne d'Arc. Mémoires françaises de la Pucelle*, Paris, Presses Universitaires de France, 2017.

> donna au procès sa figure authentique. Les interrogatoires consignés sur la minute furent traduits en latin, les procès-verbaux complétés, et le tout rédigé en forme de lettres patentes émanant de Pierre Cauchon et de l'inquisiteur[6].

Relisons l'article que signe Lucien Herr le 14 mai 1890 dans le journal *Le Parti ouvrier*, alors organe de la Fédération des travailleurs socialistes de France et d'Algérie. *Notre Jeanne d'Arc* est un hymne anticlérical qui commence par ces lignes volontaires et intraitables : « Nous ne craignons pas que l'Église ne nous la prenne. Elle peut multiplier en son honneur les processions et les fêtes, les quêtes et les monuments, tout cela nous importe peu ; le peuple de France sait que Jeanne d'Arc mourut par l'Église et de la main de l'Église, et il n'oublie pas ce qu'il sait. Mais nous craignons l'esprit, et nous ne voulons pas que d'agréables jeux d'esprit, comme le livre récent de M. Lesigne flétrissent une légende que nous aimons. Jeanne est des nôtres, elle est à nous ; et nous ne voulons pas qu'on y touche. » Le jeune bibliothécaire de l'École normale supérieure, ami de jeunesse de Péguy et inlassable promoteur des idées socialistes, sait que se joue une bataille dont dépend le destin de la France. Signé du pseudonyme Pierre Breton, il conclut contre Pierre Cauchon, évêque de Beauvais et juge au procès de Rouen : « gardez votre évêque, nous gardons la fille du peuple. » L'Église n'a pas été en reste, réclamant à son tour que Jeanne d'Arc fut sienne. Le 27 janvier 1894, Leon XIII signe le décret pontifical *Johanna nostra est*, qui lance l'ouverture de sa cause.

> Le 27 janvier 1894, sur l'ordre de Léon XIII, la Congrégation des Rites tint une séance extraordinaire, sur laquelle, pour l'instant, le plus strict secret devait être gardé. Il y avait chez tous les cardinaux, déclarait en sortant de la séance le cardinal Langénieux, « complète dilatation de l'âme. » Parocchi fit décider, d'acclamation, que le Pape serait prié d'introduire la cause ; et ce jour-là même, de son nom de famille : Joachim Pecci, Léon XIII signait le décret. Jeanne était désormais vénérable. Trois mots du Pape témoignaient que ce n'était là qu'une station pour cette gloire en marche… « Jeanne est nôtre, disait-il, *Johanna nostra est*[7]. »

La voilà Vénérable la même année où l'on condamne le capitaine Dreyfus. Un siècle après la canonisation de Jeanne d'Arc les confluences

6 Jules-Étienne Quicherat, *Procès de condamnation et de réhabilitation de Jeanne d'Arc, dite la Pucelle* (Éd. 1841-1849), Paris, Éditions Hachette/BnF, p. 387.

7 Georges Goyau, « Les Étapes d'une gloire religieuse. Jeanne d'Arc », in *Revue des Deux Mondes*, Paris, 1920, XC^{e} année, sixième période, tome 57, p. 197.

historiques qui traversent le corps de la Pucelle n'ont rien perdu de leur actualité. Lorsqu'il en reprend le projet, Dumont se donne une tâche qui en résume le sens. Filmer Jeanne d'Arc, ce sera filmer le « cœur mystique » de la France, véritable transfert du cœur spirituel d'une nation qui s'est dite Fille de l'Église avant que la République n'en renouvelle le mythe. La formule de Dumont a pour pendant une tradition théologique qui trouve sa source dans une mystique du cœur de Jésus, développée dans les écrits des Pères de l'Église qui en ont déployé l'économie selon une distinction d'usage qui veut croire à des formes charnelle, spirituelle et divine, déjà largement admises par la théorie augustinienne de la vision. Il en ira du cœur de Jeanne comme de celui de Jésus, Cœur transpercé annoncé par la prophétie d'Isaïe (Psaume 22, 15) et renouvelé dans l'évangile de Jean (Jn, 19, 34). C'est toute une rhétorique mystique que relance Dumont, qui transfère sur le corps de *Jeanne la Pucelle, fille de Dieu*, ainsi nommée par les saints qui la visitent, l'effectivité d'une symbolique chrétienne chargée d'établir une relation efficiente « entre Dieu et les hommes, qui loin de signifier son éloignement, révèle plutôt sa proximité et son amitié, [...] et qui enracine l'homme dans la réalité de son existence, plutôt qu'elle ne le transporte dans un monde imaginaire qui enfermerait le sujet en lui-même[8]. » Convoquer la symbolique d'une mystique du cœur pour décrire la geste de Jeanne d'Arc, c'est quitter l'histoire pour le mythe et faire de son héroïsme spirituel le ferment d'une communion nationale en quête de récits et d'images. C'est très précisément ce qu'indique Dumont, lorsqu'il dit que Jeanne n'est déjà plus à proprement parler une femme, parce qu'elle est bien plus profondément « le cœur vibrant de la nature humaine », véritable « cœur mystique » de toute femme et de tout homme. Le cinéaste retrouve la logique communiante de la mystique du cœur, dont Élodie Boublil a rappelé qu'elle est « une transformation progressive du cœur de l'homme, en vue de sa conformation aux sentiments et à la volonté du Christ – parfaitement uni au Père par un amour lui-même parfait[9]. »

> L'idée de « participation » renvoie également à la dimension communautaire du Cœur, évoquée précédemment, et qui rejoint, d'un point de vue théologique,

8 Élodie Boublil, « Mystique du cœur et vocation de la personne », in *La Mystique*, Le *Philosophoire* 2018/1, n° 49, p. 160.

9 *Ibid.*, p. 163.

> l'idée d'une communauté et d'une unité au sein du Cœur du Père par la médiation du Fils dont les hommes sont les membres[10].

La mystique dumontienne a beau se dire sans Dieu, elle n'en procède pas moins d'une pensée du mystère qui a sa source dans le Cœur transpercé du Christ, principale porte d'entrée vers un monde de grâce et de vérité, pour qui veut se hisser au plus près de Dieu et se laisser emplir de sa miséricorde. Le XXe siècle n'a pas manqué de le rappeler, qu'on le dise avec l'encyclique *Mystici Corporis Christi* (29 juin 1943) qui invitait chaque chrétien à suivre au « sein de l'Église leur Mère », l'exemple « des hommes et des femmes brillant de l'éclat de la sainteté » qui travaillent à « l'accroissement de son Corps mystique. » Ou bien avec l'encyclique *Haurietis aquas in gaudio* dédiée à la dévotion due au Sacré-Cœur (15 mai 1956), du même Pie XII, qui demandait que « devant le spectacle de tant de maux qui, aujourd'hui plus que jamais, atteignent si vivement les individus, les familles, les nations et le monde entier », on cherche « le remède » dans le « culte du Cœur de Jésus » qui, seul, répond « au caractère propre de la foi catholique » et subvient « aux besoins actuels de l'Église et du genre humain. » On ne filme pas Jeanne d'Arc sans revenir aux sources de sa mystique. Dumont le sait. Il ne professe pas une Histoire de France, il n'est ni nostalgique ni idéologue, il s'est plus simplement épris d'un monde qui n'est pas le sien, mais dont il a perçu la beauté et la gloire. S'il n'a pas trouvé Dieu dans la cathédrale d'Amiens, il y a rencontré le génie spirituel et intellectuel d'une chrétienté qui a forgé son millénaire.

L'ENFANCE DE L'ART

Le débat d'idées fut aussi un débat d'images qui n'a pas laissé le cinéma indifférent. Lorsque Dumont s'y lance à son tour, le cinéma s'est déjà essayé à des formes très différentes, du théâtre filmé de Méliès aux abstractions scéniques de Roberto Rossellini qui filme d'après l'oratorio de Paul Claudel et Arthur Honegger, en passant par les reconstitutions

10 *Ibid.*, p. 168.

historiques rivales de Cecil B. DeMille, Marco de Gastyne ou Luc Besson. Dumont, lui, choisit la comédie musicale et multiplie les propositions expérimentales. Parmi toutes, il en est une qui a beaucoup surpris : sa Jeanne d'Arc, celle du deuxième opus, celle qui guerroie et résiste à ses juges, est une enfant qui défie la vérité historique. S'il s'est affranchi de ce point d'histoire, l'âge de Jeanne d'Arc n'en a pas moins été une question de droit essentielle portant sur sa minorité, différemment appréciée au moment des procès de condamnation et de réhabilitation, avant d'être tranchée : sa majorité juridique est acquise. Puis ce fut une question de théologie. On s'est ainsi avisé des voix qui l'ont visitée. On a même cru possible, à l'instar de Jean Bochard, évêque d'Avranches et acteur du procès en nullité de la condamnation de Jeanne d'Arc (1456), de proposer un « rapprochement avec l'âge de la vierge Marie (*Maria puella*)[11]. » À 13 ans, elle n'est déjà plus une jeune fille comme les autres. Dans un petit traité rédigé à l'attention du roi Charles VII au lendemain de la libération d'Orléans, Jacques Gélu, l'archevêque d'Embrun, en a fait le signe d'une intervention divine qui choisit les faibles pour confondre les forts (*De adventu Johanne*, 1429). Jeanne ne dira pas autre chose à son procès : « Il plut à Dieu ainsi faire, par une simple pucelle, pour rebouter les adversaires du roi[12]. » Quelque trente ans plus tard, Jean Bochard confirme la thèse de Gélu et soutient dans son mémoire que « Dieu qui a choisi l'infirmité pour confondre la force, qui donne sa grâce aux humbles autant qu'il la refuse aux superbes, Dieu qui a établi comme loi universelle de la nature que les contraires seraient guéris par les contraires, Dieu a voulu renverser tant de hauteur par la victoire de la bassesse. Et comment opposer plus de bassesse à tant d'élévation ! Jeanne était la plus simple des filles, d'environ treize ans, nourrie aux champs, loin de la foule, à la suite des troupeaux ; et c'est là, à la suite des brebis, que Dieu l'appelle. Comment prendre plus bas ? Tout comme pour briser l'orgueil de Lucifer, il était impossible de trouver plus d'humilité que n'en possédait la très sacrée vierge Marie[13]. »

Derrière les aspects juridiques et théologiques de la question de l'âge se cache une question autrement difficile qui demande que soit préservé le

11 Françoise Michaud-Fréjaville, « La "jeunesse" de Jeanne d'Arc dans les traités en sa faveur », *Cahiers de recherches médiévales* [En ligne], 12 spécial, 2005, mis en ligne le 28 juin 2008.

12 *Procès de Jeanne d'Arc*, d'après l'édition Quicherat, trad. Joseph Fabre, Paris, Ch. Delagrave, 1884, p. 152.

13 Jean Bochard, in *Procès en nullité de la condamnation de Jeanne d'Arc*, éd. trad. Pierre Duparc, Paris, Société de l'Histoire de France, 5 vol., 1977-1988.

destin prophétique de Jeanne. Les juges auront à cœur de ne pas excuser les faiblesses de son âge, de son sexe et de sa condition pour mieux affirmer le caractère divin de sa mission. Comme le résume fort justement Françoise Michaud-Fréjaville dans l'étude qu'elle a consacrée à la question juridique de la jeunesse de Jeanne d'Arc, « le caractère prophétique de la mission de Jeanne, si on le reconnaissait évidemment, rendait inutile toute discussion sur sa jeunesse, son ignorance et sa présomption : Dieu parlait par sa bouche. Il n'y avait pas à aller au-delà[14]. » Une chose est sûre cependant, lorsqu'elle monte sur le bûcher tout le monde s'accorde pour lui reconnaître ses dix-neuf ans. Le cinéma ne pouvait pas ne pas croiser de telles questions juridiques et théologiques qui déterminent le récit biographique. Mais il a dû affronter une autre réalité, plus prosaïque celle-là, qui tient aux contraintes économiques qui pèsent sur son industrie. Choisir une très jeune actrice qui aurait, peu s'en faut, l'âge de l'héroïne, supposait de renoncer aux actrices déjà célèbres, mais nécessairement plus âgées, qui pourraient reprendre le rôle.

Nombreux sont les cinéastes qui ne se sont pas souciés de la vraisemblance historique et lui ont préféré le pragmatisme publicitaire. Geraldine Farrar a trente-quatre ans lorsqu'elle reprend le rôle pour Cecil B. DeMille, Renée Falconetti trente-six et Ingrid Bergman trente-trois ans lorsqu'elles tournent pour Carl Dreyer et Victor Fleming. Otto Preminger s'est montré plus audacieux en choisissant Jean Seberg qui a 19 ans au moment du tournage, soit exactement l'âge de Jeanne d'Arc lorsqu'elle meurt le 30 mai 1431 sur le bûcher de Rouen. Quant à Robert Bresson, il confie le rôle à Florence Delay qui a tout juste 21 ans. Dumont, en revanche, fait le pari original de l'enfance et place son film sous le signe de l'allégorie. Il est au plus près de Péguy et du *Mystère des Saints Innocents* qui faisait de l'espérance « une toute petite fille[15]. » Certes le choix s'est imposé de manière presque accidentelle. Dumont a d'abord pensé confier le rôle à Jeanne Voisin qui interprétait la Jeanne plus âgée de *Jeannette*. Indisponible pour le tournage du second opus, Dumont s'est alors retourné vers Lise Leplat Prudhomme qui jouait Jeannette. Mais retenir la très jeune actrice qui n'a que douze ans, c'est quitter l'histoire pour le symbole et

14 Françoise Michaud-Fréjaville, « La "jeunesse" de Jeanne d'Arc dans les traités en sa faveur », *op. cit.*

15 « Je suis, dit Dieu, Maître des Trois Vertus. La Foi est une épouse fidèle. La Charité est une mère ardente. Mais l'espérance est une toute petite fille. » Charles Péguy, « Le Mystère des Saints Innocents », in *Œuvres poétiques et dramatiques*, *op. cit.*, p. 779.

affirmer la prévalence des vertus sur le réalisme des événements. Jeanne sera intemporelle. Ce qui n'exclut ni les réponses à son temps – sa Jeanne d'Arc se dresse contre les récupérations politiques contemporaines – ni celles qu'il adresse à l'histoire – lorsqu'il enferme son Antigone dans un blockhaus qui lui tient lieu de prison, il élève l'anachronisme au rang de symbole historique. Les batailles symboliques n'ont jamais cessé. Le gouvernement de Vichy s'est emparé de la jeune paysanne de Domrémy, trop heureux de pouvoir rejouer l'antienne martiale contre les Anglais. La France est occupée par les Allemands, mais ce sont les Anglais que vise une affiche de propagande antibritannique datée de 1943. On y voit un portrait de Jeanne d'Arc accompagné de cette légende : « J'aimerais mieux rendre l'âme à Dieu que d'être en la main des Anglais. Jeanne d'Arc. » Pourtant, un an plus tôt, en juin 1942, le journal *L'Humanité* appelait les femmes de France à la résistance et leur consacrait un numéro spécial de quatre pages : « Gloire à vous toutes, Danielle, Martha, Georgette, Marie-Claude, Paule, Marie Dubois, etc. : vous êtes les héroïnes de 1942, comme le furent en leur temps, Jeanne d'Arc, Jeanne Hachette, Louise Michel, Jeanne Labourbe. » La résistance n'a pas manqué de raviver sa mémoire et la France libre s'en est souvenue, mais force est de constater que dans cette bataille mémorielle la droite nationaliste s'est toujours montrée plus active.

Comme l'a rappelé Michel Winock, la Pucelle aura même été l'égérie de l'Algérie française : « Sous l'invocation de Jeanne d'Arc, l'Alliance dirigée par M. le général Weygand est résolue à engager le combat contre toutes les formes du mensonge, contre les idéologies destructrices de la dignité humaine, contre les multiples impiétés des inconscients bénéficiaires de la longue suite de labeurs et de souffrances qui constitue l'héritage français[16]. » Pourtant, malgré son très jeune âge, l'héroïne de Dumont ne souffre aucune comparaison. Mieux, elle purifie le mythe et l'éloigne de son iconographie de propagande. Lise Leplat Prudhomme est sans rivale.

Si Dumont a eu besoin de reconstituer le XVe siècle de la guerre de Cent ans en donnant aux costumes l'étoffe du vraisemblable, les lieux, eux, démentent toute exactitude historique. Non seulement les vestiges de la Seconde Guerre mondiale qui façonnent les paysages de la côte d'Opale lui

16 Alliance Jeanne d'Arc, 1957, cité par Michel Winock, *Le XXe siècle idéologique et politique*, Paris, Éditions Perrin, 2009, p. 265.

opposent d'insurmontables réminiscences, mais l'église d'Amiens est une invention de cinéaste. En effet, le procès de Jeanne d'Arc s'est déroulé au château de Bouvreuil, à Rouen, alors occupé par le régent de Bedford et le jeune Henri VI. L'église est gothique certes, mais les éléments les plus reconnaissables sont plus tardifs. Ainsi, l'entrée de Maître Nicolas Loiseleur se fait-elle par la chapelle Notre-Dame du Pilier Rouge réalisée par Nicolas Blasset en 1627, alors que l'on découvre sur sa gauche le grand tableau de l'*Assomption de la Vierge* peint un an plus tard par Frans Francken le Jeune. Et lorsque Dumont choisit les stalles pour y installer les juges et les assesseurs, c'est par le chœur des chanoines et le maître-autel du sanctuaire dessiné au XVIIIe siècle par l'architecte Pierre-Joseph Christophle que tous pénètrent. Son monde d'images est libre des anachronismes qui inquiètent habituellement le pointillisme des reconstitutions historiques, lorsqu'ils n'irritent pas les historiens médiévistes. Seul compte l'appareillage symbolique qu'il peut espérer tirer d'un tel lieu. Retenir le tableau de Francken pour ouvrir le procès, c'est en outre faire le choix d'introduire la Vierge dans son film, c'est rendre présent le souvenir de la lettre apostolique *Beata Maria Virgo in cælum Assumpta in Gallicæ* qui, en 1922, sous l'autorité de Pie XI, fait de Notre-Dame de l'Assomption la patronne principale de la France et de Jeanne d'Arc, devenue sainte, sa patronne secondaire : « Montée sur le bûcher, c'est en murmurant au milieu des flammes, en un cri suprême, les noms de Jésus et de Marie, qu'elle s'envola au ciel. Ayant donc éprouvé le secours évident de la Pucelle d'Orléans, que la France reçoive la faveur de cette seconde patronne céleste : c'est ce que réclament le clergé et le peuple, ce qui fut déjà agréable à Notre prédécesseur et qui Nous plaît à Nous-même[17]. » En revanche, conclure le procès en réunissant les juges sous le haut-relief du *Temple de Jérusalem* situé dans le transept nord, ce n'est pas seulement reconnaître en Jésus un Dieu de colère venu purifier l'Église, c'est rappeler la Passion du Christ et y introduire Jeanne d'Arc. Les libertés avec l'histoire sont nombreuses, elles s'accordent parfois avec le légendaire johannique.

Dumont reprend du texte de Péguy la rencontre de Charles VII (Fabrice Luchini) avec Jeanne d'Arc à Sully mais, là encore, il en déplace l'action dans la cathédrale d'Amiens, laissant Jeanne remonter la nef dallée de

17 Pie XI, « Lettre apostolique, Notre-Dame de l'Assomption est proclamée patronne principale de la France, et sainte Jeanne d'Arc, patronne secondaire », *Actes de S. S. Pie XI*, tome 1, Année 1922-1923, Paris, Maison de la Bonne Presse, 1927, p. 23-24.

l'immense labyrinthe, image à peine voilée des méandres politiques dans lesquels elle s'est engagée. Le roi la dissuade de poursuivre la guerre contre les Anglais et les Bourguignons avec lesquels il cherche une issue négociée. Jeanne d'Arc ne veut rien entendre : « À présent, Ô Seigneur, ayez pitié de moi ; Je m'en vais commencer la bataille à moi seule. » Cet épisode a laissé dans l'embarras tous ceux qui souhaitaient expliquer ses échecs militaires après le sacre de Reims. Dieu l'aurait-il désavouée ? Au XVIIe siècle, François Eudes de Mézeray fait paraître une *Histoire de France* qui avance une explication. Son échec aux portes de Paris, sa capture près de Compiègne et son procès à Rouen ne sont jamais que les signes de sa désobéissance à la mission divine. Le sacre de Charles VII à Reims aurait dû la convaincre de cesser son entreprise militaire et de rentrer à Domrémy. C'est parce qu'elle n'en fit rien que Dieu a cessé de lui apporter aide et protection. Lorsque Dumont reprend le texte de Péguy après une brève séquence équestre qui résume ses campagnes militaires et sa chute à Compiègne, nous retrouvons la cathédrale d'Amiens pour les débuts du procès que Péguy situe aux derniers jours de février 1431. La cathédrale est le lieu unique d'un récit qui s'est affranchi de toute précaution historique. Sully et Rouen s'y confondent, plaçant la chronique sous le seul signe d'une Église plus bourguignonne que catholique. Dieu n'est cependant pas absent de la cathédrale. En effet, Jeanne ne cesse de diriger son regard vers le Très-Haut, certaine qu'il ne l'a pas abandonnée. Et lorsque la voix de Christophe intervient pour la première fois, Jeanne se sait irrésistiblement attirée vers le ciel. Une plongée dans l'axe du personnage la laisse seule avec ses résolutions à la veille d'un procès qui la condamnera à mort. Ce parti pris scénographique est tout à la fois conforme à l'iconographie des saints renaissants et baroques « que le Moyen Âge ne pratiqua que rarement[18] » et fidèle au principe dumontien de l'illumination qui guide ses personnages. Bresson (*Procès de Jeanne d'Arc*, 1962) est le seul qui se soit abstenu de livrer son personnage au regard de Dieu. Florence Delay a le regard fermement dirigé vers ses juges, délibérément opposé au visage tourmenté de Falconetti qui cherche son secours dans un au-delà décidément inaccessible[19].

18 Françoise Michaud-Fréjaville, « Cinéma, histoire : autour du thème "johannique" », in *Le Moyen Âge vu par le cinéma européen*, *Les Cahiers de Conques* (Centre européen d'art et de civilisation médiévales), octobre 2000.

19 Vincent Amiel, « Une nouvelle génération dans le cinéma français ? », *Esprit*, décembre 1997, No. 238 (12).

De la première *Jeanne d'Arc* tournée par Méliès en 1897 – le film est aujourd'hui considéré comme perdu – à celle réalisée par Luc Besson en 1999, seule la *Jeanne au bûcher* de Rossellini (1954) s'est complètement affranchie des variations réalistes qu'appelle toute reconstitution historique. Dans une lettre de Georges Méliès datée de 1937 et publiée par *L'Écran français* en 1948 (n° 159, 13 juillet 1948), celui-ci confirme l'existence de cette première version :

> Vous me demandez s'il est exact que le premier film sur Jeanne d'Arc fut tourné par moi. Oui ! Absolument exact, ce film fut tourné dans mon studio de Montreuil, le plus ancien du monde d'ailleurs, en 1897. J'ai encore ici les maquettes originales, des décors composés et peints par moi-même pour ce film et des photos (décors et personnel) des principales scènes. De plus, mon catalogue, encore en ma possession, imprimé en 1904, et un prospectus rédigé en espagnol (pour l'Espagne) également entre mes mains, sont des preuves indiscutables. Ce dernier reproduit tous les tableaux du film en photogravure[20].

Françoise Michaud-Fréjaville en a donné une description où se mêlent l'étonnement de l'historienne et l'admiration sincère de la spectatrice : « Il n'hésita pas à reprendre les rondes d'anges de Fra Angelico, vues en plongée ou de côté dans les brumes, et à jouer de l'irréalisme total avec Frère Dominique et Jeanne regardant les événements depuis une zone intermédiaire entre ciel et terre. Il y a quelques rappels du *Magicien d'Oz*… La fantaisie poétique et parfois forcée du texte oblige à prendre le recul de l'imagerie. On doit accepter qu'Ingrid Bergman disparaisse, sans trace de brûlure sur sa robe blanche, vers la Grande Ourse et finisse en étoile comme le Petit Prince[21]. » Les choix de Dumont, eux, oscillent entre abstraction figurative, on pensera aux passages chantés qui déroutent le récit de sa linéarité narrative[22], et figuration superlative qui reprend les possibilités expressives du typage cinématographique. À ceci près que les acteurs ne sont pas seulement choisis pour les exceptions plastiques de leur visage comme ils pouvaient l'être chez Sergueï Eisenstein. Dumont,

20 « Georges Méliès et le premier "Jeanne d'Arc" de 1897 », *1895. Mille huit cent quatre-vingt-quinze* [En ligne], 64, 2011, mis en ligne le 1 septembre 2014.

21 Françoise Michaud-Fréjaville, « Cinéma, Histoire », *Cahiers de recherches médiévales* [En ligne], 12 spécial, 2005, mis en ligne le 28 juin 2008.

22 On peut rejoindre Jean-Michel Durafour lorsqu'il écrit que « tout le film est construit autour de la musique de Christophe comme le foyer aveugle de la représentation de Péguy à l'écran. » Jean-Michel Durafour, « Christophe », in Benjamin Thomas (dir.), *Le cinéma de Bruno Dumont par fragments alphabétiques*, *op. cit.*, p. 88.

dont on connaît l'intérêt pour *Il Vangelo Secondo Matteo*, partage avec Pier Paolo Pasolini ce souci de la dramatique audiovisuelle de l'acteur. La voix leur est essentielle. Les acteurs dumontiens doivent en effet satisfaire une élocution accentuée dont il multiplie les registres, allant du dysphonique à l'emphatique, suggérant des formes vocales introuvables au théâtre et au cinéma. À leurs côtés, la performance de Fabrice Luchini, pourtant porté aux exagérations élocutoires, pourrait presque paraître un peu terne. Dans *Jeanne*, son aréopage de docteurs, chanoines, évêques, greffiers et assesseurs répond de cette même sacralité figurative à laquelle Pasolini a voué son cinéma. Ses films se feuillettent comme des recueils de corps, de visages et de gestes composant « l'être-luciole[23] » de la figure humaine qui annonce la « promesse esthétique de l'existence. » Le naturel n'existe pas chez Pasolini, seules comptent la part de sacré que renferme le réel et la « sacralité technique » du cinéma qui peut « saisir des intensités figurales dans des individus bien réels[24]. » Nécessaire lorsqu'il s'agissait de filmer les Borgate du sous-prolétariat romain – « le rapport historique entre le Christ et le prolétariat existe, il n'aurait rien fait s'il n'avait pas été suivi par les prolétaires[25] » – elle devient pourtant « absurde » lorsqu'il commence *Il Vangelo* et qu'il lui faut se confronter à une sacralité d'une tout autre nature.

> Pour un Français c'est un film religieux, pour un prolétaire italien il n'y a pas d'équivoque. Le Christ est une classe inférieure, qui va avec la classe inférieure. La relation historique entre le Christ et le prolétariat existe, il n'aurait rien fait s'il n'avait été suivi par le prolétariat. Les pharisiens ne l'auraient pas tué. Et le prolétariat serait resté plongé dans les ténèbres de la surdité, si la prédication révolutionnaire du Christ n'était pas intervenue[26].

Lorsqu'il se demande s'il est possible d'être naturel et si le cinéma peut être naturaliste, Pasolini répond que tout le porte vers ce « quelque chose de prodigieux, de mystérieux, et à la limite [d']absolument non-naturel[27]. » La figuration dumontienne se formule entre ces deux pôles, d'un côté des acteurs non-professionnels qui n'ont pour seul atout que l'éclat

---

23 Marielle Macé, « Pasolini, sainteté du style », S.E.R., « Études », 2012, 9, tome 417, p. 225.

24 *Ibid.*, p. 226.

25 Maria Antonietta Macciocchi, « Cristo e il marxismo », *l'Unità*, 22 décembre 1964 (ma traduction).

26 *Ibid.*

27 Pier Paolo Pasolini, « Être est-il naturel ? », in *L'expérience hérétique*, trad. Anna Rocchi Pullberg, Paris, Éditions Payot, 1976, p. 95.

de leur *être-luciole*, de l'autre une sacralité technique qui permet de renégocier leur rapport au réel. Si l'un et l'autre ont vu dans le cinéma une possibilité de réintroduire la part de sacré qui manque aux actions humaines, c'est qu'ils savent que le sacré dépend des œuvres et de la foi qu'un cinéaste est capable d'accorder à ce qu'il filme.

DE L'ICONOGRAPHIE POPULAIRE À L'ICÔNE SULPICIENNE

À l'occasion du quatrième interrogatoire public qui eut lieu le mardi 27 février 1431, Maître Jean Beaupère, chanoine de Paris et de Besançon, demande à Jeanne d'Arc si c'est bien la voix d'un ange qui s'est adressée à elle ou s'il s'agissait plutôt de la voix d'un saint ou d'une sainte. Jeanne répond que « c'est la voix de sainte Catherine et de sainte Marguerite. Leurs figures sont ornées de belles couronnes, bien richement et bien précieusement. Là-dessus j'ai congé de Notre-Seigneur[28]. » Mais lorsque Jean Beaupère lui demande si ce furent les seules voix qu'elle entendît, Jeanne répond qu'elle eut aussi la visite de saint Michel et que ce dernier lui apparut en premier, quoiqu'« il n'était pas seul, mais bien accompagné d'anges du ciel. » Jeanne s'empresse aussitôt de préciser les modalités de cette apparition : « Je les vis des yeux de mon corps aussi bien que je vous vois. Et quand ils s'éloignaient de moi je pleurais et j'aurais bien voulu qu'ils m'eussent emportée avec eux[29]. » Elle refusera par la suite de préciser ce que les voix lui dirent, comme elle ne donnera aucune description des vêtements que portait le saint. Jean Beaupère parviendra toutefois à lui imposer l'aveu d'un saint Michel ailé. Et lorsque ce dernier lui demande comment elle sut reconnaître le saint, Jeanne lui répond que c'est « par le parler et le langage des anges » qu'elle le reconnut et qu'elle crut « fermement que c'étaient des anges. » C'est à l'occasion du septième interrogatoire qu'elle se fait plus précise : saint Michel la prévient de la prochaine visite que lui rendront sainte Catherine et sainte Marguerite : elles « viendront à moi afin que

28 *Procès de Jeanne d'Arc*, d'après l'édition Quicherat, *op. cit.*, p. 79.
29 *Ibid.*, p. 81.

j'agisse par leur conseil, vu qu'elles étaient ordonnées pour me conduire et conseiller en ce que j'aurais à faire ; et que je les crusse de ce qu'elles me diraient ; et que c'était par le commandement de Notre Seigneur[30]. »

Contrairement aux visions spirituelles d'une Hildegarde de Bingen qui témoigne d'une attention qui s'exerce « avec les yeux et les oreilles de l'homme intérieur », et non « par les yeux du corps ni les oreilles de l'homme extérieur[31] », Jeanne d'Arc juge la réalité de ses visions à partir de ses seules facultés charnelles. Tout ce qui vient à elle possède la réalité des corps qui se manifestent ici-bas. Ce qu'elle voit et entend ne procède pas d'un songe, d'une rêverie ou d'une hallucination audiovisuelle. Elle a vu les saints comme elle voit Maître Jean Beaupère qui l'interroge, elle les a entendus comme elle entend ses questions. Jeanne est sûre de ce qu'elle voit et certaine de ce qu'elle entend : ce n'est ni le diable qui l'inspire ni quelque maladie de l'esprit. Lorsque l'interrogateur lui demande, « si le diable se mettait en forme ou déguisement de bon ange, comment connaîtriez-vous qu'il est bon ange ou mauvais ange ? », Jeanne lui répond qu'elle le « reconnaîtrai[t] bien si ce serait saint Michel en quelque contrefaçon de lui[32]. » On retrouve dans les subtilités scolastiques de Maître Beaupère les distinctions phénoménologiques qu'Augustin a posées entre des modes de vision qui hiérarchisent l'accès à une parfaite connaissance des choses et de Dieu. Alors qu'il entreprend le dernier livre de ses commentaires de la Genèse (*De Genesi ad litteram*, Livre XII), Augustin revient sur un passage de la deuxième épître aux Corinthiens de l'apôtre Paul dans lequel ce dernier décrit une expérience visionnaire remarquable : « Je connais un chrétien qui, il y a quatorze ans (était-ce dans son corps, ou hors de son corps, je le ne sais pas, Dieu le sait) fut ravi jusqu'au troisième ciel. Je sais encore que ce même homme (était-ce dans son corps, ou hors de son corps, je ne le sais pas, Dieu le sait) fut ravi jusque dans le Paradis, et y entendit des choses qu'il n'est pas donné à l'homme d'exprimer. » (2 Cor, 12, 2, 4.)

L'apologue donne le ton de la réflexion qui va suivre. En effet, Augustin se prépare à juger de la résurrection des corps. Pour cela, il devra justifier la reprise d'un corps dont l'âme s'est d'abord soustraite « afin de lui

30 *Ibid.*, p. 173.

31 Hildegarde de Bingen, *Scivias. Sache les Voies ou Livre des Visions*, Éditions du Cerf, 1996, p. 27, cité par Jean-Claude Schmitt, *Le corps des images. Essais sur la culture visuelle au Moyen Âge*, Paris, Éditions Gallimard, 2002, p. 324-327.

32 Joseph Fabre, *Procès de condamnation de Jeanne d'Arc. Septième interrogatoire secret, jeudi 15 mars 1431*, *op. cit.*, p. 174.

montrer comment elle pourrait s'élever jusqu'à cette vision sublime. » Ce n'est qu'une fois le corps redevenu spirituel, grâce à la résurrection, lorsque « l'âme sera "l'égale des anges" », qu'elle « pourra tour-à-tour obéir et commander, donner et recevoir la vie, au sein d'un bonheur ineffable qui de son fardeau ici-bas fera un instrument de gloire[33]. » Dès le chapitre II, Augustin fixe les conditions du problème qui l'occupe. Il est en effet difficile, sinon impossible, de distinguer le corps de l'image lorsque ce dernier apparaît en songe ou en extase : « il faut pour cela revenir à soi-même et reconnaître qu'on s'est trouvé en présence d'images que l'esprit ne recevait pas par le canal des sens. » La suite du livre s'efforce de préciser ce que Paul appelle « Troisième Ciel » et la manière dont il convient de juger son récit. D'objections en réfutations on arrive enfin aux chapitres VI et VII où l'évêque d'Hippone distingue les trois espèces de vision – *corporalis*, *spiritualis* et *intellectualis* – qui font l'objet des chapitres suivants. Ces modes de connaissance, interprétés dans le cadre de la théologie chrétienne, mais repris de la tradition philosophique de Porphyre[34] et Plotin[35], ont donné lieu à une inépuisable littérature savante toujours active au XVIIe siècle, à l'instar du *Pro theologia mystica clavis* de Maximilianus Sandaeus[36] qui paraît à Cologne en 1640. Malgré quelques variations phénoménologiques – Sandaeus admet les *phantasmata* parmi les formes de la vision intellectuelle là où Augustin les exclut – l'essentiel est conservé. Tous s'efforcent d'établir une relation entre voir et connaître, tandis que l'on cherche à établir la règle d'une hiérarchie visuelle susceptible de décrire les degrés de la connaissance : « Analysons ces trois modes de vision, écrit Augustin, afin d'aller successivement du plus humble au plus élevé[37]. »

Il est frappant de constater que cette question phénoménologique, habituellement réservée au débat philosophique, se soit invitée au procès de

---

33 Saint Augustin, « De la Genèse au sens littéral », Livre XII, ch. XXXV, trad. M. Citoleux, in *Œuvres complètes*, tome 4, Éditions L. Guérin & Cie, 1866, p. 86.

34 Michael Chase, « Porphyre et Augustin : Des trois sortes de "visions" au corps de résurrection », in *Revue d'études augustiniennes et patristiques*, 51, 2005.

35 Stéphane Toulouse, « Influences néoplatoniciennes sur l'analyse augustinienne des *visiones* », in *Archives de Philosophie* 2009/2 (tome 72).

36 Sur ce point voir Ralph Dekoninck, « Voir l'image vivante. L'anamorphose visionnaire entre le texte et l'image », in A. Paschoud et B. Selmeci Castioni, *Exprimer la vision spirituelle (XIVe-XVIIe siècles)*, Leuven, Éditions Peeters, 2016.

37 Saint Augustin, « De la Genèse au sens littéral », Livre XII, ch. XI, in *Œuvres complètes*, *op. cit.*, p. 24.

Jeanne d'Arc. Il est plus frappant encore d'observer que cette jeune femme qui n'a jamais fréquenté les milieux savants soit néanmoins informée des réserves philosophiques qui précèdent toute réflexion sur la vision. Si Jeanne n'est pas à proprement parler une mystique, son vocabulaire a les accents du mysticisme. Dire que l'on voit avec les yeux du corps, c'est se situer au cœur d'une rhétorique mystique qui s'est saisie de ce topos visionnaire. L'expérience mystique opère certes depuis une perception intérieure, mais les figures et visions sont tantôt situées dans un espace différent de l'espace corporel occupé par le sujet, tantôt strictement rapportées à la topographie du lieu. Il importe donc de décrire avec précision la nature des visions : d'elle dépend la valeur et le sens des apparitions. Nicolas de Vanderès, chanoine de la cathédrale de Rouen, l'un des principaux interrogateurs du procès, en reprendra la description dans ses conclusions : « En même temps Jeanne disait et confessait qu'elle avait vu de ses propres yeux, entendu de ses propres oreilles, les apparitions et les voix dont il est fait mention au procès[38]. » Ses juges veulent connaître la sincérité de ses visions, ils multiplient les questions, varient les formulations, cherchent une faille dans ses récits, mais Jeanne tient bon. Quant au lieu de ses apparitions, on dit qu'il a déjà connu les fées, mais là encore elle sait faire la différence entre le merveilleux des fées du bois Chenu et le miracle des apparitions qui ont accompagné son enfance.

> Assez près de Domremy il y a un certain arbre appelé l'arbre des dames ; d'autres l'appellent l'arbre des fées. Auprès est une fontaine. J'ai ouï dire que les malades ayant la fièvre viennent à la fontaine boire de son eau pour se remettre en santé. Je l'ai vu moi-même. Mais je ne sais s'ils sont guéris ou non[39].

Comme le résume fort bien Guillaume Cassegrain dans l'étude qu'il a consacrée aux apparitions miraculeuses dans la peinture de la Renaissance, « l'"apparition" suppose l'existence réelle de ce qui est observé par le visionnaire, alors que la "vision" n'implique pas nécessairement cette réalité[40]. » Peinture et cinéma rencontrent une même difficulté lorsqu'il s'agit de donner corps à des figures dont on souhaite distinguer l'origine ou la réalité visuelle, lorsqu'il ne s'agit pas d'ouvrir dans l'image des

---

38 Joseph Fabre, *Procès de condamnation de Jeanne d'Arc. Septième interrogatoire secret, jeudi 15 mars 1431*, *op. cit.*, p. 391.

39 *Ibid.*, p. 74.

40 Guillaume Cassegrain, *Représenter la vision. Figurations des apparitions miraculeuses dans la peinture de la Renaissance*, Arles, Éditions Actes Sud, 2017, p. 42.

représentations qui ont valeur d'image. Des psautiers médiévaux à la Fabrique de Jean-Charles Pellerin (Épinal, 1756-1836), qui marque un tournant industriel dans la production des images, en passant par les cartiers et dominotiers des XVIe et XVIIe siècles qui étendent leurs bois gravés aux sujets religieux[41], se maintient un ensemble de solutions visuelles originales, véritable réservoir iconographique que le cinéma redécouvre. On en trouvera un premier témoignage chez Georges Méliès qui reprend l'épisode de l'arbre aux fées pour l'ouverture de son film (*Jeanne d'Arc*, 1900). S'il sait qu'il peut compter sur les techniques de son théâtre spectaculaire, le Théâtre Robert-Houdin, et s'il possède par ailleurs une première expérience des trucages cinématographiques qui lui permet de placer des figures en lévitation dans l'espace, il n'ignore pas non plus que cette technologie rudimentaire, mais terriblement efficace du point de vue visuel, doit être dirigée vers une fin que lui dicte l'intelligibilité du récit. La coprésence de Jeanne et des saints dans l'image doit pouvoir se lire sans contradiction (Fig. 11 et 12).

FIG. 11 – Georges Méliès, *Jeanne d'Arc*, 1900 (saintes Catherine et Marguerite).

41 Martine Sadion et alii., C'est une « image d'Épinal », *Catalogue de l'exposition du musée de l'Image*, Épinal, 2014.
Mes remerciements au musée de l'Image de la ville d'Épinal pour la mise à disposition de son fonds d'archive, ainsi qu'à Madame Marie Poulain, documentaliste et iconographe, pour son aide précieuse.

FIG. 12 – Georges Méliès, *Jeanne d'Arc*, 1900 (saint Michel).

Contrairement au récit de Jeanne qui distingue dans le temps les apparitions des trois saints ou aux images d'Épinal de la maison Olivier Pinot (nº 642, 1875[42], Fig. 13) et de l'imprimerie Pellerin (nº 762, 1884-1890[43], Fig. 14) qui les réunit sur une nuée, les apparitions méliésiennes se déploient selon deux tableaux qui inversent l'ordre des déclarations johanniques sans utiliser les secours figuratifs habituels.

---

42 *Histoire de Jeanne d'Arc nº 642*, nº d'inventaire de l'œuvre D 996.1.3828 B, Anonyme, Épinal, Olivier Pinot éditeur, 1875, musée de l'Image d'Épinal. Elle a été rééditée chez Pellerin (nº 457) après 1909. Je dois ces planches de Jeanne d'Arc à Madame Marie Poulain, documentaliste et iconographe au musée de l'Image d'Épinal.

43 *Histoire de Jeanne d'Arc, la libératrice de la France nº 762*, nº d'inventaire de l'œuvre D 996.1.3833 B, Vanson Jean-Baptiste (graveur), Imprimeur Pellerin, Épinal, 1884-1890, musée de l'Image d'Épinal.

FIG. 13 – *Histoire de Jeanne d'Arc n° 642*,
n° d'inventaire de l'œuvre D 996.1.3828 B, Anonyme, Épinal,
Olivier Pinot éditeur, 1875, musée de l'Image – Ville d'Épinal / cliché E. Erfani.

FIG. 14 – *Histoire de Jeanne d'Arc, la libératrice de la France nº 762*, nº d'inventaire de l'œuvre D 996.1.3833 B, Vanson Jean-Baptiste (graveur), Imprimeur Pellerin, Épinal, 1884-1890, musée de l'Image – Ville d'Épinal / cliché E. Erfani.

Ni nuages, ni couronnes, ni rayons de lumière ne viennent souligner l'événement visuel. Méliès montre d'abord sainte Catherine et sainte Marguerite dans des habits de communiantes. Vêtues d'une longue robe blanche surmontée d'une chasuble de même couleur, elles lévitent au-dessus du sol face à la jeune Jeanne visiblement très émue et en proie à une grande agitation. Dans le second tableau nous découvrons un saint Michel rayonnant, armé d'une lance devant une Jeanne tout aussi troublée, priant et écoutant le saint qui lève son épée et donne une direction dans un geste qui confond géographie et destin. On retrouvera dans une planche gravée par Édouard Phosty et éditée à Épinal par l'Imprimerie Pellerin en 1894 l'un des modèles iconographiques qui guident la scénographie méliésienne (Fig. 15).

Tout y est, la lance verticale qu'il tient fermement de la main gauche, la main droite tendue qui fixe l'horizon, la cotte de mailles jaune, les deux grandes ailes blanches et le nimbe qui enveloppe la tête de l'archange. Georges Sadoul avait déjà repéré que la couleur introduite dans les films de Méliès dès 1897 lui était « aussi indispensable que dans les miniatures, les images d'Épinal et les cartes postales », soulignant parmi les premiers une filiation iconographique. Valérie Vignaux, quant à elle, a rappelé à propos des plaques de verre de Marius O'Galot (1867-1946) et des vues pelliculaires de Robert Lortac (1884-1973) que « les éditeurs de plaques puisaient leurs ressources illustratives ou narratives dans l'imagerie populaire, et nombre d'entre elles sont des variations des planches d'Épinal mais aussi des caricatures. En adaptant les contes ou les fables, Marius O'Galop et Robert Lortac amènent au cinéma, en un nouveau média, des récits largement diffusés par les autres objets culturels liés à l'enfance, que cela soit à travers les plaques de lanterne magique, l'imagerie d'Épinal ou les albums[44]. » Plus récemment encore, l'exposition que le musée de l'Image d'Épinal[45] a consacrée aux ombres chinoises et aux théâtres d'ombres a été l'occasion de préciser l'intérêt que Méliès a porté aux formes de l'imagerie populaire : tourné en 1903 *L'enchanteur Alcofribas* reprend une histoire créditée au répertoire du théâtre d'ombres de Dominique Séraphin (1747-1800).

---

44 Valérie Vignaux, « Les images projetées de Marius O'Galop et Robert Lortac », *1895. Mille huit cent quatre-vingt-quinze* [En ligne], 59, 2009, mis en ligne le 1 décembre 2012.

45 *Ombres chinoises et autres variations*, musée de l'Image d'Épinal, juillet 2016-janvier 2017.

FIG. 15 – *Jeanne d'Arc / 1410-1431*, nº d'inventaire D 996.1.3838 B, Édouard Gabriel Gostiaux, dit Gabriel Phosty (graveur), Imprimeur Pellerin, Épinal, 1894, musée de l'Image – Ville d'Épinal / cliché C. Bayeuil.

Toutefois, Méliès ne cherche pas à confirmer la nature de l'apparition ou à suggérer la valeur corporelle des saints, il est avant tout préoccupé par une question visuelle qui l'oblige à justifier la dimension surnaturelle de leur manifestation. La lévitation est la preuve de cette surnature qui ouvre une brèche dans l'ordre des causes matérielles. Les deux saintes se meuvent en effet dans le même espace que Jeanne et interagissent avec elle, mais elles se sont affranchies des lois de la gravitation terrestre et flottent au-dessus du sol. La couleur ajoutée au pochoir achève de distinguer la nature céleste des saints. Le trucage, lui, consacre l'autonomie figurative du procédé. Méliès suppose l'histoire de Jeanne connue. Et elle l'est. Sans elle, le tableau méliésien resterait indécidable : de fait il appartient « à une même famille figurative[46] » qui compte des visions, des apparitions et des tentations. Méliès s'est par ailleurs confronté à ces trois registres figuratifs. En 1898, il réalise une *Tentation de saint Antoine* qui met l'ermite aux prises avec de jeunes femmes légèrement vêtues, dansant devant le saint manifestement très éprouvé. L'une d'elle finira même par se substituer à Jésus sur la Croix, avant d'en descendre plus vivante que le ressuscité. Épuisé par le jeûne et la solitude, l'ermite se confond en visions qui sont autant de tourments davantage tirés du roman de Flaubert que de la *Légende dorée* de Jacques de Voragine. Dans *Le Rêve du Radjah ou la Forêt enchantée* réalisé deux ans plus tard, Méliès déplace le maharaja dans un espace onirique sans poids ni consistance et multiplie les occasions burlesques. Son personnage est ainsi confronté à des fauteuils qui disparaissent au moment où il décide de s'asseoir, un arbre se change en homme et l'agresse, des femmes le poursuivent de leur assiduité et un bourreau le menace. Toutes ces situations ne laissent cependant aucun doute sur leur caractère onirique. Préparé par une première scène qui montre l'endormissement du maharaja, le spectateur sait à quoi s'en tenir. En revanche, dans les deux autres films de Méliès, seule la connaissance de l'histoire permet d'établir la réalité visuelle des manifestations figuratives. Si les scénographies aérostatiques sont anciennes, les sources iconographiques de Méliès, elles, sont plus immédiates, directement tirées de l'imagerie sulpicienne qui a profondément marqué le XIXe siècle.

46 *Ibid.*, p. 43.

Rapidement populaire auprès d'une société qui se passionne pour une industrie de l'image[47] dont on découvre les fonctions sociale, politique et scientifique – en 1839 François Arago salue à l'Académie des sciences le rôle immense des procédés photographiques dans l'inventaire des monuments historiques, tandis que Ralph Waldo Emerson, aux États-Unis, fait du daguerréotype une authentique peinture républicaine[48] – elle n'en a pas moins été dénoncée par des artistes et des hommes de lettres qui se plaignent d'un dévoiement de l'art et de la religion. Observateur et contempteur de l'étonnante prospérité des images de dévotion, Léon Bloy regrette non pas tant son manque d'art que son impuissance spirituelle qui rend la prière impossible. Ainsi, dans *La Femme pauvre* (1897), commentant la *Transfiguration* de Raphaël, Caïn Marchenoir, le personnage déjà rencontré dans un précédent roman, *Le Désespéré* (1886), constate que ce tableau n'est jamais que « l'ancêtre fameux de notre bondieuserie sulpicienne, qui feuilletait plus souvent les draps de sa boulangère que les pages du Livre saint, n'a pas compris qu'il était absolument indispensable que les Pieds de Jésus touchassent le sol pour que sa *Transfiguration* fût terrestre et pour que la parole de Simon-Pierre offrant les trois tabernacles ne fût point une absurdité. Vous parlez de la prière. » Quelque vingt ans plus tôt, dans *L'éducation sentimentale*, Gustave Flaubert faisait déjà une critique tout aussi sévère d'un art religieux tombé dans les mains des nouveaux marchands du temple. À la fin du roman, Frédéric Moreau retrouve Jacques Arnoux qui tient une boutique, non loin de l'église Saint-Sulpice, dans laquelle il peut observer par les recoins de la vitrine « deux statues en bois, bariolées d'or, de cinabre et d'azur ; un saint Jean-Baptiste avec sa peau de mouton, et une sainte Geneviève, des roses dans son tablier et une quenouille sous son bras ; puis des groupes en plâtre ; une bonne sœur instruisant une petite fille, une mère à genoux près d'une couchette, trois collégiens devant la sainte table. » Le développement de la chromolithographie dans la seconde moitié du XIXe siècle encourage une industrie des images pieuses qui prend part à la lutte que Félix Dupanloup, évêque d'Orléans et fervent défenseur de l'enseignement

47 Si l'on a beaucoup insisté sur le rôle de la photographie dans la formation de la nouvelle économie visuelle du XIXe siècle, on ne saurait méconnaître celui de la lithographie. Voir sur ce point l'article de Stephen Bann, « Photographie et reproduction gravée », *Études photographiques* [En ligne], 9, mai 2001, mis en ligne le 10 septembre 2008.

48 François Brunet, *La naissance de l'idée de photographie*, Paris, Éditions Puf, 2000.

catholique, mène contre un mouvement de déchristianisation de la France que la loi Falloux ne devait pas enrayer : « le grand moyen de déchristianisation, c'est l'école, l'école sans Dieu, plus que jamais c'est le devoir du clergé de s'occuper des écoles[49]. »

Comme le rappelle Marie Gautheron, le XIXe siècle est entré dans « l'ère des "bondieuseries sulpiciennes[50]" ». L'abbé Jean Sagette, curé de l'église de la Madeleine et professeur au petit séminaire de Bergerac, ne disait pas autre chose dans son *Essai sur l'art chrétien.* Après avoir confessé que des « âmes ont trouvé, dans une œuvre d'art, l'expression de leur foi et la formule de leur amour[51] » et que l'art moderne doit se tourner vers les « inspirations de Fra Angelico et du Pérugin[52] », il commence par se plaindre de cette montée du « laïcisme, qu'on a voulu en ces derniers temps élever à la dignité de principe, dans la politique et dans l'enseignement » avant de conclure qu'il « ne vaut rien dans le domaine de l'art[53]. » Mais il y a pire que la peinture laïque, il y a que l'on a abandonné « les représentations pieuses, les images de dévotion et tous ces objets de piété qui devraient exprimer, sinon avec talent, du moins avec convenance le sentiment chrétien [...] à des industries subalternes qui trafiquent de l'ignorance ou de la simplicité, pervertissent le goût, affadissent la piété et quelquefois même insultent aux dogmes et aux sentiments chrétiens[54]. » L'art qui devrait être « une pieuse et profonde communication du monde mystique avec le monde spirituel » se meurt, l'Église est contestée et le monde déborde de crimes. L'abbé Sagette ne voit qu'un seul espoir : c'est en dirigeant son regard et son cœur vers le Moyen Âge qui contient les lois de l'art chrétien et le souffle spirituel qui manque à son siècle que l'époque pourra se sauver des maux qui la menacent.

Les tableaux que compose Méliès pour sa *Jeanne d'Arc* (1900) n'auraient certainement pas rassuré le curé de Bergerac. Son iconographie de catéchisme illustré, largement popularisée par les *Catéchismes*

---

49 M. l'abbé François Lagrange, *Vie de Mgr Dupanloup, évêque d'Orléans, membre de l'Académie française*, tome 3, Paris, Éditions Poussielgue frères, 1883.

50 Marie Gautheron, « Quelques représentations de la prière dans la peinture », in Anne Muxel, *Croire et faire croire, Usages politiques de la croyance*, Presses de Sciences Po, 2017, p. 94.

51 Jean Sagette, *Essai sur l'art chrétien. Son principe, ses développements, sa renaissance*, Paris, Librairie archéologie de Victor Didron, 1853, p. 111.

52 *Ibid.*, p. 137.

53 *Ibid.*, p. 144.

54 *Ibid.*, p. 230.

en images de la Maison de la Bonne Presse, à un « moment où la catéchèse prend l'allure d'une véritable scolarité parallèle à l'enseignement commun, et cela d'autant plus clairement après 1880, quand l'école publique n'assurera plus le catéchisme primaire et que tout le poids en retombera sur les paroisses[55] », nous éloigne des grands maîtres professés par Sagette. Georges Didi-Huberman disait de l'iconographie sulpicienne du XIXe siècle qu'elle était « un bouche-trou métaphysique dans l'histoire (celle de la Commune, notamment), tandis que les *Désastres* de Goya sont un trou politique dans la culture de son temps (voilà pourquoi le recueil de ses gravures n'a jamais pu être publié du vivant de l'artiste)[56]. » Méliès aurait-il occulté la théologie de la vision qui s'invite au procès de Jeanne d'Arc ? Ses trucages ruineraient-ils la vieille phénoménologie visionnaire en abandonnant la vision au seul registre de la fantasmagorie ? Les questions valent aussi pour Dumont. Boucherait-il les trous de la mystique en renouant avec l'iconographie sulpicienne du film méliésien ? Rien n'est moins sûr. Le recours à une iconographie de catéchisme diocésain fait de la Jeanne dumontienne une contemporaine de Méliès et de toute une époque, la toute fin du XIXe siècle, qui connaît l'essor d'une industrie de l'image pieuse, à l'instar du « petit manuel diocésain [qui] n'est couramment illustré qu'à partir des années 1880 et surtout 1890[57]. » Comme le note Isabelle Saint-Martin, ce sont les mêmes images et gravures qui circulent, tirées de catalogues accessibles à tous les diocèses. Les livres de prières et les cartes postales ne font pas exception. Très largement diffusées, les images sulpiciennes n'en n'ont pas moins le tort de n'être ni réellement artistiques ni réellement religieuses, d'être en somme tombées dans un purgatoire iconographique qui serait la juste mesure d'un mauvais goût populaire. C'est pourtant vers ce fonds documentaire que se tourne Dumont (Fig. 16).

55 Françoise Lautman, « Catéchismes en images, images de la société », in *Ethnologie française*, nouvelle série, t. 24, n° 2, Usages de l'image (avril-juin 1994), p. 206.

56 Georges Didi-Huberman, « S'inquiéter devant chaque image », Entretien réalisé par Mathieu Potte-Bonneville & Pierre Zaoui, *Vacarme* 37, 2006.

57 Isabelle Saint-Martin, « Variations sur le texte et l'image dans les albums et manuels d'instruction religieuse (1800-1914) », in Annie Charon, Isabelle Diu et Élisabeth Parinet (dir.), *La mise en page du livre religieux (XIIIe-XXe siècle)*, Paris, Éditions de l'École nationale des Chartes / OpenEdition Books, 2004/2018.

FIG. 16 – Bruno Dumont, *Jeannette, l'enfance de Jeanne d'Arc*, 2017.

Tirées de leur Tartare des images fautives, les voilà rachetées et offertes à une nouvelle vie esthétique. Aux pochoirs de Méliès succèdent désormais les ors et les pourpres des figures endimanchées de Dumont, flamboyantes comme les saints romantiques de Hermann Anton Stilke (*Apparitions de sainte Catherine et saint Michel à Jeanne d'arc*, 1843, Fig. 17), hiératiques comme la *Jeanne d'Arc* que Jean Auguste Dominique Ingres peint à l'occasion des fêtes johanniques d'Orléans (*Jeanne d'Arc au sacre du roi Charles VII*, 1854).

FIG. 17 – Hermann Anton Stilke, *Apparition de sainte Catherine et saint Michel à Jeanne d'Arc (partie gauche du Triptyque de La vie de Jeanne d'Arc)*, 1843, Musée de l'Ermitage, St Pétersbourg.

Le tableau qui sera présenté à l'Exposition universelle de 1855 sera fort mal reçu par Baudelaire qui lui réserva une critique acerbe : « Quant à la *Jeanne d'Arc* qui se dénonce par une pédanterie outrée de moyens, je n'ose en parler[58]. » L'interprétation ingresque de Jeanne d'Arc, inspirée d'un style « troubadour » dont François Pupil[59] a souligné l'« exotisme historique » et la nostalgie d'un monde médiéval idéalisé, « a délibérément écarté la Pucelle orante du Panthéon national pour y faire entrer sainte Jeanne d'Arc[60]. » Comme le note Françoise Michaud-Fréjaville, ce tableau « généralement oublié des critiques [est] devenu presque "sulpicien" par la quantité de reproductions, la technique plate, presque iconique, mise au service d'une idée religieuse et politique[61]. » La facture du tableau, son goût pour le lisse, le glacé et les effets de lumière, favorisera sa large diffusion par les maisons d'éditions du quartier de Saint-Sulpice, à l'instar de la Maison Bouasse-Lebel qui a longtemps régné sur le commerce de dévotion. Les figures dumontiennes, suspendues en guirlande dans un arbre aux fées qui ravit la jeune Jeanne sont autant de vignettes resplendissantes qui revisitent cette tradition iconographique. Les trois saints ont retrouvé les couleurs exaltées d'une Jeanne d'Arc rêvée par un siècle qui écrit son mythe, tandis que Dumont filme l'icône sulpicienne que le XIXe siècle a ajoutée à son catéchisme national. Le XXIe siècle en fera une icône *queer*, fort bien étudiée par Clovis Maillet[62] qui, parti d'une question de droit longuement débattue au procès de Jeanne d'Arc – on lui reproche de porter des habits d'hommes – défendra une relecture genrée qui renouvelle la question de l'identité en suggérant une fluidité médiévale entre les genres.

---

58 Charles Baudelaire, « Exposition universelle de 1855. Ingres », in *Curiosités esthétiques. L'Art romantique*, Paris, Classiques Garnier, 1986, p. 229.

59 François Pupil, *Le style troubadour ou la nostalgie du bon vieux temps*, Nancy, Presses Universitaires de Nancy, 1985.

60 Françoise Michaud-Fréjaville, « Images de Jeanne d'Arc. De l'orante à la sainte », *Cahiers de recherches médiévales* [En ligne], 12 spécial, 2005, mis en ligne le 28 juin 2008.

61 *Ibid.*

62 Clovis Maillet, *Les genres fluides. De Jeanne d'Arc aux saintes trans*, Paris, Éditions Arkhé, 2020.

CONCLUSION

Radicaliser l'esthétique pour se sauver de la théologie

> Vous savez que Corneille a traduit toutes ces prières, et une grande partie des psaumes, en prose, avec un littéralisme admirable.
> Paul CLAUDEL[1]

L'œuvre dumontien a toujours évolué sur le fil d'une inspiration qui côtoie les contrefaçons mystiques et les pastiches spirituels dont est parcourue l'histoire du XXe siècle. On le lui a suffisamment reproché. Seules l'obstination du cinéaste et la rigueur de l'œuvre ont fini par vaincre la plupart des résistances critiques, le mélange de burlesque et d'horreur de *Ma Loute* et du *P'tit Quinquin* ont fait le reste. Ses nouveaux humiliés font rire, ses prolétaires sont devenus cannibales et le dolorisme de ses premiers personnages n'a plus cours. Mais le matériel iconographique est le même qui confirme que le changement de tonalité de l'œuvre ne modifie pas sa métaphysique, tenue par une question morale qui s'est formulée dans le champ théologico-politique. C'est ce qu'a bien perçu Jacques Maritain, qui se demande si les idéologies modernes « ne pourraient pas s'expliquer par la survivance, et l'outrance, de dispositions morales et sentimentales chrétiennes après perte plus ou moins complète des concepts chrétiens, et avant tout du concept de l'ordre surnaturel[2]. » Survivance et outrance constituent

1 Paul Claudel, « Lettre à Péguy », 4 novembre 1911, in Henri de Lubac et Jean Bastaire, *Claudel et Péguy*, *op. cit.* p. 144.

2 Lettre de Maritain à René Johannet, 16 mars 1919 (Archives J. et R. Maritain, Kolbsheim), cité par Michel Fourcade, « Jacques Maritain et la déthéologisation du politique », in *Sécularisation 1*, Droits, Presses Universitaires de France, 2013/2, n° 58, p. 87.

deux bonnes entrées pour lire les films de Dumont, à condition que l'on évite d'y lire quelque sécularisation de la mystique chrétienne. À condition, en somme, de bien voir que ce sont les formes outrancières de l'esthétique dumontienne qui la sauvent de la sécularisation et la rapprochent de la profanation, entendue strictement comme une fonction de réappropriation profane et de réparation mythologique. On comprend sans doute mieux pourquoi il ne faut pas s'arrêter au naturalisme de ses films, ni même croire que la mystique suffit à en élargir l'esthétique. Il faut reconnaître avec Dumont que c'est le cinéma lui-même qui aspire à devenir mystique. Mysticisme au demeurant partagé par Jean-Luc Godard, qui a su mieux que quiconque que la résurrection paulinienne devait nécessairement se payer en retour d'une profanation de l'image.

Dumont a toujours joué avec le feu, cherchant le point limite au-delà duquel ses films pourraient bien s'effondrer. Quelques rares scènes ont échoué à se maintenir sur cette fine pointe tragique : la fin horrifique de *Twentynine Palms*, l'imitation d'Aldo Maccione proposée à Fabrice Luchini pour interpréter André Van Peteghem dans *Ma Loute*, les larmes de Céline récitant un poème d'Hadewijch d'Anvers au pied du Calvaire sont autant de limites esthétiques qui confirment la voie étroite de Dumont. *France* n'a pas été épargné. Ses fulgurances formelles ne parviennent pas à sauver le film d'une dissipation de la mystique dans une critique situationniste superficielle. Au reste, il n'ignore pas qu'il peut échouer. Et il le dit : « Mon travail doit s'assagir en fait. C'est ce qu'on voit chez les grands cinéastes. À un moment donné, il y a un film comme ça. C'est ce qu'on appelle un chef-d'œuvre. Et c'est le chef-d'œuvre d'une œuvre. Comme la 9e de Beethoven, effectivement c'est la plénitude de toutes les symphonies. Alors effectivement on peut dire la 3e, c'est encore un peu comme ça, les premières c'est encore Mozart, etc. C'est pour ça qu'il faut faire des films. Il faut continuer à en faire ; alors celui-là est peut-être un peu moins bien, c'est normal, et tout d'un coup, il y a un truc qui va se faire – ou pas d'ailleurs, peut-être que je ne le ferai jamais – qui est une espèce de sagesse par rapport à tout ce que j'ai pu faire, et qui trouve cet espèce de moment qui est un berceau[3]. » Sur ce fil expérimental s'est pourtant construit l'œuvre d'un cinéaste exigeant qui a ouvert une brèche dans l'esthétique

3 Bruno Dumont, « Complexifier la mystique par la mécanique », *op. cit.*

réaliste pour y laisser entrer la part de grotesque que le sublime était encore capable de supporter.

> Hollywood c'est la peinture italienne où les personnages sont parfaits, moi je suis plus dans le registre de la peinture flamande, c'est à dire que je tourne avec des gens du pays qui sont comme ils sont. Le grotesque est toujours présent dans le sublime. Il n'empêche pas l'expression du sublime[4].

Son audace n'est pas nouvelle, elle est déjà chez Victor Hugo, mais elle ne lutte plus contre le classicisme, elle s'efforce de dépasser le réalisme social qui, de Ken Loach aux frères Dardenne, a occupé une bonne part de l'esthétique contemporaine.

> Revenons donc, écrit l'auteur de la préface à Cromwell, et essayons de faire voir que c'est de la féconde union du type grotesque au type sublime que naît le génie moderne, si complexe, si varié dans ses formes, si inépuisable dans ses créations, et bien opposé en cela à l'uniforme simplicité du génie antique ; montrons que c'est de là qu'il faut partir pour établir la différence radicale et réelle des deux littératures[5].

La lévitation, qui revient si souvent dans l'œuvre dumontien, n'est pas une bizarrerie de ses personnages ou l'audace un peu crâne d'un auteur qui se voudrait original, elle est bien davantage le moyen le plus efficace qu'un cinéaste ait trouvé pour alléger son matérialisme et affirmer le sérieux de sa mystique.

Voilà qui permet de mieux comprendre ce fait esthétique premier, les coordonnées des mondes dumontiens ne sont ni sociales ni politiques, elles sont fondamentalement mystiques et, à ce titre, elles dessinent la cartographie morale d'un monde éprouvé à partir d'une position de cœur et de charité qui était déjà au fondement de la morale de Péguy. C'est à cette condition qu'il est possible de parler d'un nouveau « partage du sensible » (avec Rancière), à cette condition encore que cette reconfiguration des coordonnées morales autour de son noyau mystique doit se lire comme un geste politique (contre Rancière, qui ne retient qu'un « esthétisme dédaigneux[6] »). La sainteté et la grâce ne sont ni l'apanage de la théologie

4 Bruno Dumont, « Attendre que Jeanne d'Arc émerge », Entretien avec Antoine De Baecque, 2019, repris dans *L'Histoire*.

5 Victor Hugo, « Préface à Cromwell », in *Œuvres complètes : Cromwell, Hernani*, Librairie Ollendorff, 1912, volume 23 – Théâtre, tome I, p. 15.

6 Jacques Rancière, « Le bruit du peuple, l'image de l'art », *op. cit.*

chrétienne ni le privilège de la littérature catholique. Pasolini y a consacré l'essentiel de son œuvre à la croisée de ses lectures marxistes, Dumont en modifie la portée politique en se débarrassant des fantômes de Marx. Cela devrait éclairer la dimension récalcitrante de son réalisme. Le cinéma selon Dumont est une technique expérimentale qui, au même titre que la prière, le jeûne ou les exercices spirituels, se déclare compétente pour exposer la part mystérieuse du monde par laquelle le monde est monde, c'est-à-dire toujours en excès par rapport aux architectures juridiques et sociales qui lui donnent une forme. Instrument de révélation, le cinéma renoue avec l'espérance de Péguy. Mais ce n'est pas tout : sa mystique serait impensable sans l'élément qui rend possible sa révélation. Le tissu du monde ne se déchire pas sans un accident qui y fait effraction. Cet événement, on l'a vu, ce sera le crime pour *La vie de Jésus* et *L'humanité*, la création empêchée pour *Camille Claudel*, le sexe pour *Twentynine Palms*, la guerre pour *Flandres*, Dieu pour *Hadewijch* et l'occupation anglaise pour les deux *Jeanne*, autant d'événements qui placent ses personnages dans des conditions qui les exposent brutalement à une perception élargie du monde. L'expérimentation esthétique chez Dumont est inséparable de l'expérimentation mystique qui place les personnages au contact d'une réalité excédentaire : tantôt ils s'élèvent (*L'humanité*), tantôt ils s'effondrent (*Camille Claudel, 1915*). De ce point de vue le mystère dumontien est conforme à la tradition patristique qui juge ce dernier comme une action et non pas comme une chose : *In actione mysteriorum* dit Raban Maur, le frère dominicain de Mayence, auteur d'un édifiant *De rerum naturis* (842-847) qui allait nourrir toute la pensée médiévale.

> Tandis que le sacramentum est confectionné, porté, déposé, conservé, divisé, rompu, distribué, reçu, absorbé, mangé et bu, le mysterium, lui, est agi, opéré, célébré, offert, achevé, interrompu, recommencé, fréquenté. Par le premier on est nourri, purifié, fortifié, vivifié ; on assiste, on sert, on officie au second[7].

Ainsi va-t-on d'un cinéma que l'on dira mystique, entendons par là qu'il est une option phénoménologique capable de donner à voir et à entendre le monde comme mystère, à une mystique que l'on dira cinématographique, entendons maintenant cette manière d'investir l'image d'un pouvoir de sacralisation du monde.

---

7 Henri de Lubac, *Corpus mysticum. L'Eucharistie et l'Église au Moyen Âge*, *op. cit.*, p. 61.

BIBLIOGRAPHIE

AGAMBEN, Giorgio, *Profanations*, Paris, Éditions Rivages poche, 2006.

ALLIGIER, Maryline, *Bruno Dumont, L'animalité et la grâce*, Aix-en Provence, Éditions Rouge Profond, 2012.

ARENDT, Hannah, *L'humaine condition*, trad. G. Fradier, Paris, Éditions Gallimard Quarto, 2012.

AUGUSTIN, *Œuvres philosophiques complètes*, trad. Jean-Joseph-François Poujoulat, Jean-Baptiste Raulx et Pierre de Labriolle, Paris, Éditions Belles Lettres, 2018.

AUMONT, Jacques, *Doublures du visible. Voir et ne pas voir en cinéma*, Villeneuve d'Ascq, Presses Universitaires du Septentrion, 2021.

BASTAIRE, Jean et LUBAC, Henri de, *Claudel et Péguy*, Paris, Éditions Aubier Montaigne, 1974.

BATAILLE, Georges, *L'expérience intérieure*, 1943, Paris, Éditions Gallimard, coll. Tel, 1986.

BAZIN, André, *Écrits complets*, Édition établie par Hervé Joubert-Laurencin, Paris, Éditions Macula, 2018.

BERGSON, Henri, *Les deux sources de la morale et de la religion*, 1932, Paris, Garnier-Flammarion, 2012.

BLOY, Léon, *Propos d'un entrepreneur de démolitions*, Paris, Librairie Stock, 1925.

BLUMENBERG, Hans, *La légitimité des Temps modernes*, 1966, 1988, trad. M. Sagnol, J-L Schlegel et D. Trierweiler, Paris, Éditions Gallimard, 1999.

BOURGEOIS, Bernard, *La pensée politique de Hegel*, Paris, Puf, 1969.

CASSEGRAIN, Guillaume, *Représenter la vision. Figurations des apparitions miraculeuses dans la peinture de la Renaissance*, Arles, Éditions Actes Sud, 2017.

CERTEAU, Michel de, *La fable mystique, I, XVIe-XVIIe siècle*, Paris, Éditions Gallimard, coll. Tel, 1982.

CHARCOT, Jean-Martin et RICHER, Paul, *Les démoniaques dans l'art*, Paris, Adrien Delahaye et Émile Lecrosnier Éditeurs, 1887.

CLAUDEL, Paul, *Chroniques du Journal de Clichy, Correspondances*, Paris, Éditions Les Belles Lettres, 1978.

COLLARD, Franck, *La passion Jeanne d'Arc. Mémoires françaises de la Pucelle*, Paris, Presses Universitaires de France, 2017.

DURKHEIM, Émile, *Les formes élémentaires de la vie religieuse*, Paris, Presses Universitaires de France, 1960.

ESPOSITO, Roberto, *Communauté, immunité, biopolitique. Repenser les termes de la politique*, trad. Bernard Chamayou, Paris, Éditions Les Prairies ordinaires, 2010.

FOUCAULT, Michel, *Histoire de la folie à l'âge classique*, Paris, Éditions Gallimard, coll. Tel, 1972/1961.

FREUD, Sigmund, *Résultats, idées, problèmes*, Paris, Puf, 1984.

GAUVARD, Claude, *La France au Moyen Âge du ve au xve siècle*, Paris, Puf, 1996/2019.

GÉLY, Véronique (dir.), *Ganymède ou l'échanson. Rapt, ravissement et ivresse poétique*, Paris, Presses universitaires de Paris Nanterre, 2008.

GERSON, Jean, *Théologie mystique*, Paris, Éditions Vrin, 2008.

HEGEL, G.W.F., *Écrits politiques*, Paris, Éditions Champ Libre, 1977.

HUYSMANS, Joris-Karl, *Là-bas*, Paris, Éditions Gallimard, coll. Folio, 1985.

JAMES, William, *L'expérience religieuse. Essai de psychologie descriptive*, trad. F. Abauzit, Paris, Éditions Felix Alcan, 1906.

KANTOROWICZ, Ernst, *Les Deux Corps du roi. Essai sur la théologie politique au Moyen Âge*, trad. Jean-Philippe et Nicole Genet, Paris, Éditions Gallimard, coll. Folio, 2000 (1957).

LE GOFF, Jacques, *La civilisation de l'Occident médiéval*, Paris, Éditions Flammarion, 2008.

LEVINAS, Emmanuel, *Dieu, la mort et le temps*, Paris, Éditions Grasset & Fasquelle, 1993.

LÉVY-BRUHL, Lucien, *Les fonctions mentales dans les sociétés inférieures*, Paris, Éditions Alcan, 1910.

LUBAC, Henri de, *Corpus mysticum. L'Eucharistie et l'Église au Moyen Âge*, Paris, Éditions du Cerf, 2010.

MARITAIN, Jacques, *La pensée de saint Paul*, Paris, Corrêa, 1941.

MARTIN, Jean-Clet, *Ossuaires, Anatomie du Moyen Âge roman*, Paris, Éditions Payot, 1995.

MICHAUD-FRÉJAVILLE, Françoise, *Une ville, une destinée : Orléans et Jeanne d'Arc, En hommage à Françoise Michaud-Fréjaville*, Cahiers de Recherches Médiévales et Humanistes, 12 spécial, 2005.

MICHELET, Jules, *Le Peuple*, 1846, Paris, Éditions Calmann-Lévy, 1877.

PANOFSKY, Erwin, *Les Primitifs flamands*, 1953, trad. S. Le Bourg, Paris, Éditions Hazan.

PARISSE, Lydie (dir.), *Le discours mystique dans la littérature et les arts de la fin du XIXe siècle à nos jours*, Rencontres 31, Série Études dix-neuvièmistes, 13, Paris, Éditions Classiques Garnier, 2012.

PASCAL, Blaise, *Pensées, opuscules et lettres*, Paris, Éditions Classiques Garnier, coll. « Bibliothèque du XVIIe siècle », 2010.

PÉGUY, Charles, *Œuvres en Prose complètes I et II*, éd. Robert Burac, Paris, Éditions Gallimard, Bibliothèque de la Pléiade, 1988, 1992.

PÉGUY, Charles, *Œuvres poétiques et dramatiques*, éd. Claire Daudin, Paris, Éditions Gallimard, Bibliothèque de la Pléiade, 2014.

PLOTIN, *Ennéades*, trad. M. N. Brouillet, Paris, Hachette, 1857-1861.

QUICHERAT, Jules-Étienne, *Procès de condamnation et de réhabilitation de Jeanne d'Arc, dite la Pucelle* (Éd. 1841-1849), Paris, Éditions Hachette/BnF.

RANCIÈRE, Jacques, *Le partage du sensible, esthétique et politique*, Paris, Éditions La Fabrique, 2000.

RANCIÈRE, Jacques, *Et tant pis pour les gens fatigués*, Paris, Éditions Amsterdam, 2009.

RENAN, Ernest, *Histoire des origines du christianisme*, Paris, Éditions Bouquins, 1995.

RICHARD, François, *L'anarchisme de droit dans la littérature contemporaine*, Paris, Puf, 1998.

SADION, Martine *et alii.*, *C'est une « image d'Épinal »*, Catalogue de l'exposition du musée de l'Image, Épinal, 2014.

SCHMITT, Carl, *Théologie politique*, 1922, trad. Jean-Louis Schlegel, Paris, Éditions Gallimard, 1988.

SCHMITT, Jean-Claude, *La raison des gestes dans l'Occident médiéval*, Paris, Éditions Gallimard, 1990.

SCHMITT, Jean-Claude, *Le corps des images. Essais sur la culture visuelle au Moyen Âge*, Paris, Éditions Gallimard, 2002.

STOICHITA, I. Victor, *L'Œil Mystique. Peindre l'extase dans l'Espagne du Siècle d'Or*, Paris, Le Félin, 2011.

TEYSSIER, Arnaud, *Charles Péguy*, Paris, Éditions Perrin, 2008.

THOMAS, Benjamin (dir.), *Le cinéma de Bruno Dumont en fragments alphabétiques*, Éditions Warm, 2021.

TODOROV, Tzvetan, *Éloge du Quotidien. Essai sur la peinture hollandaise du XVIIe siècle*, Paris, Éditions Adam Biro, 1993/1998.

TYLOR, Edward Burnett, *La civilisation primitive*, trad. de l'anglais pour la deuxième édition (1873) par Madame Pauline Brunet, Paris, Ancienne Librairie Schleicher, Alfred Cortes.

VALÉRY, Paul, *Pièces sur l'art*, Paris, Éditions Gallimard, 1934.

VERMOREL, Henri et Madeleine, *Sigmund Freud et Romain Rolland, Correspondance 1923-1936*, Paris, Presses Universitaires de France, 1993.

WEIL, Simone, *Écrits de Londres et dernières lettres*, Paris, Éditions Gallimard, 1957.

WINOCK, Michel, *Le XXe siècle idéologique et politique*, Paris, Éditions Perrin, 2009.
WITTGENSTEIN, Ludwig, *Tractatus logico-philosophicus*, trad. Gilles-Gaston Granger, Paris, Éditions Gallimard, 1993.
ZOLA, Émile, *Le roman expérimental*, Paris, Éditions G. Charpentier, 1881.

INDEX DES NOMS

TABLE DES FIGURES

TABLE DES MATIÈRES